Inhalt

Zeichenerklärung

★★★ nicht verpassen
★★ besonders sehenswert
★ wichtig für speziell interessierte Besucher

[A1] Planquadrat im Kartenmaterial. Orte ohne diese Angabe liegen außerhalb unserer Karten. Ihre Lage kann aber wie die von allen Ortsmarken mithilfe der begleitenden Web-App angezeigt werden (s. S. 155).

Updates zum Buch

www.reise-know-how.de/citytrip/dresden19

Vorwahlen

› **Vorwahl Dresden** 0351
› **Vorwahl Deutschland** 0049

Dresden auf einen Blick
0
1000 m
© Reise Know-How 2019
Die Äußere Neustadt S. 71
Rund um den Theaterplatz S. 41
Semperoper 19
Residenzschloss und Grünes Gewölbe 12 13
Die Innere Neustadt S. 62
14 Kathedrale Ss. Trinitatis
16 Stallhof und Fürstenzug
6 Brühlsche Terrasse
21 22 Zwinger und Gemäldegalerie Alte Meister
2 Frauenkirche
Rund um den Neumarkt S. 24
Das Schloss-ensemble S. 33
Schloss und Park Pillnitz 54
Rund um den Großen Garten S. 55
Großer Garten und Palais 34
Zwischen Altmarkt und Hauptbahnhof S. 50

Dresden präsentiert sich mehr als ein Vierteljahrhundert nach der Wiedervereinigung vielerorts schmuck und aufgeräumt. Wandel und Veränderung prägen weiterhin die Stadt. Auf dem Neumarkt (s. S. 24) wird nach wie vor gebuddelt und gebaut. der Kulturpalast (s. S. 52) ist frisch umgebaut und das neue Kraftwerk Mitte (s. S. 103) bereichert Dresdens Kulturszene um eine tolle Location.

Dresden-Panorama

Zwei eindrucksvolle 360°-Panoramen von Dresden präsentiert das Panometer im halbjährlichen Wechsel: zunächst „Dresden 1945 – Tragik und Hoffnung einer europäischen Stadt", in der zweiten Hälfte des Jahres „Dresden im Barock – Mythos der sächsischen Residenzstadt" (s. S. 81).

Gastronomietipp

Einen Dresdner Sauerbraten sucht man auf der Speisekarte des veganen Restaurants „Falscher Hase" vergeblich, vermisst ihn aber nicht wirklich – hat man erst einmal den Soja-steak-Burger probiert (s. S. 97).

Kulturelles Überraschungsei

Die Kunsthalle im Lipsiusbau steht ein wenig im Schatten der anderen Dresdner Museen. Zu Unrecht: Erwiesen sich doch die wechselnden Sonderausstellungen wie „Neue Sachlichkeit in Dresden" (2011) oder „William Forsythe" (2014/2015) als ein wahrer Augenschmaus (s. S. 30).

Günstig übernachten in der City

Nur einen Steinwurf vom Zwinger und dem Postplatz entfernt steht das gut ausgestattete und bezahlbare Hotel Motel One (s. S. 139).

091dn Abb.: fo © santosha57

DRESDEN ENTDECKEN

Willkommen in Dresden

Mehr als eine halbe Million Menschen leben in Dresden und dennoch ist die Stadt sympathisch überschaubar. Die Hauptattraktionen im Altstadt- und Neustadtkern sind wunderbar zu Fuß zu erreichen und wenn sich größere Wege auftun, um etwa in die Villenviertel von Blasewitz und Loschwitz zu kommen, dann nimmt man einfach die Straßenbahn. Nach Pillnitz hinaus – unter dem Blauen Wunder hindurch – fährt man z. B. mit dem Dampfer, der sich ganz müßiggängerisch mittels Schaufelradkraft fortbewegt.

Auch ohne Stadtplan findet man sich in Dresden schnell zurecht. Sehenswürdigkeiten muss man nicht lange suchen, sie fallen mit ihrem markanten Auftritt sofort ins Auge.

Dresden lässt sich für Besucher ganz grob in zwei Bereiche gliedern: **links der Elbe (Altstadt)** und **rechts der Elbe (Neustadt)**. Auf Altstädter Seite, zwischen Elbe und Hauptbahnhof, verschmelzen 800-jährige Geschichte, Kunst, Kultur und alltägliches Leben miteinander. Hier sind z. B. die Frauenkirche 2, der Fürstenzug 16, der Zwinger 21, das Rathaus 30, die Altmarkt-Galerie (s. S. 106) und die Prager Straße 32 zu finden. Auf der gegenüberliegenden Elbuferseite treffen mondäner Barock der Inneren (s. S. 62) und Szeneleben der Äußeren Neustadt (s. S. 71) aufeinander.

Wer sich ganz puristisch und mitten unter den Dresdnern zum normalen Tickettarif der Dresdner Verkehrsbetriebe einen Überblick über die Stadt verschaffen will, dem sei die Fahrt mit der sogenannten **„Kultourlinie“**, der **Straßenbahnlinie 4**, empfohlen. Die Linie 4 verkehrt zwischen Laubegast und Weinböhla und fährt mitten durch das barocke Dresden – Stationen sind z. B. Palaisplatz, Neustädter Markt, Theaterplatz, Postplatz, Altmarkt und Pirnaischer Platz. Man kommt u. a. am Japanischen Palais 46 und dem Goldenen Reiter 41 vorbei, fährt über die Augustusbrücke 38 und an Hofkirche 14, Residenzschloss 12, Semperoper 19, Zwinger 21, Kreuzkirche 28 und Kulturpalast 29 entlang.

Alternativ zur „Kultourline“ können Shoppingbegeisterte übrigens die **Straßenbahnlinie 9** als **„Einkaufslinie“** nutzen – sie hält an allen wichtigen Shoppingzentren Dresdens: der Altmarkt-Galerie (s. S. 106), der Prager Straße 32 und der Hauptstraße 42.

› **Weitere Infos zur Kultourlinie:** www.dvb.de/de-de/entdecken/rundfahrten/kultourlinie-4

058dn Abb.: br

◁ *Vorseite: Barocke Schmuckstücke – Ständehaus 9, Schloss 12 und die Kathedrale Ss. Trinitatis 14*

Kurztrip nach Dresden

Auf einem dreitägigen Kurztrip bekommt man mehr als einen ersten Eindruck von der Schönheit an der Elbe. Um wirklich alles kennenzulernen, wird die Zeit zwar ganz sicher nicht ausreichen, aber man kann ja schon die nächste Städtereise nach Dresden planen.

1. Tag: Überblick verschaffen

Gerade in Dresden angekommen und die Koffer im Hotelzimmer verstaut? Dann heißt es schnurstracks zu Fuß oder mit der DVB (Straßenbahnhaltestelle: Altmarkt) zur **Frauenkirche** 2 und rauf auf die Kuppel! In 67 Metern Höhe hat man auf der Aussichtsplattform einen wunderschönen Blick auf fast alle architektonischen Highlights der Stadt und die links- und rechtselbischen Stadtteile Dresdens.

Dem Frauenkirchen-Sightseeing könnte sich ein Bummel zum **Theaterplatz** [C6], der **Semperoper** 19 und dem **Zwinger** 21 anschließen. Dann geht es zurück zum Schlossplatz, am Residenzschloss 12 und der **Kathedrale Ss. Trinitatis** 14 vorbei hinauf auf die **Brühlsche Terrasse** 6 – der Blick auf die Elbe und das gegenüberliegende Ufer der Inneren Neustadt hat noch jeden beeindruckt (siehe hierzu auch den Spaziergang 1 auf S. 12). Durch die Salzgasse geht es noch einmal an der Frauenkirche vorbei über den **Neumarkt** 1 zum **Altmarkt** 27 mit seinen Cafés und Einkaufsmöglichkeiten. Die Zeit lässt sich gut in der „Weißen Gasse" vertreiben, bevor es zum „Frisch-Machen" noch einmal kurz in die Unterkunft geht – und anschließend zum **Aus- und Essengehen** in Dresdens Restaurants, Lokale, Kneipen, Bars und Biergärten (s. S. 96).

Konzert- und Theaterliebhaber kommen in Dresden natürlich auch auf ihre Kosten, u. a. im Kulturpalast 29 mit der Dresdner Philharmo-

007dn Abb.: br

‹ Müde Spaziergänger steigen einfach in die Straßenbahn (s. S. 140)

› Ausblick vom Hausmannsturm auf Theaterplatz und Semperoper 19

006dn Abb.: br

nie und dem Kabarett Herkuleskeule (s. S. 104), im Kraftwerk Mitte Dresden (s. S. 103) mit der Staatsoperette und dem Theater Junge Generation und im Schauspielhaus mit dem Staatsschaupiel ❷❹. **Disco- und Klubgänger** sind in Dresden ebenfalls bestens aufgehoben (s. S. 103).

2. Tag: Kunst und Kultur

Der zweite Tag steht ganz klar im Zeichen von **Kunst und Kultur.** Bei der Auswahl der Museen hat man die Qual der Wahl, falsch machen kann man aber eigentlich nichts. Ein Start am **Zwinger** ❷❶ liegt nahe, denn gleich vier große Museumsattraktionen locken hier zu einem Besuch: Naturwissenschaftlich Interessierte sollten sich den **Mathematisch-Physikalischen Salon** (s. S. 91) vormerken. Für alle, die das „weiße Gold Sachsens" bestaunen möchten, ist die **Porzellansammlung** ❷❸ das richtige Ziel und die **Gemäldegalerie Alte Meister** ❷❷ mit Werken von Raffael, Tizian, Botticelli und Tintoretto stellt ein absolutes Muss dar. Oder man entscheidet sich für die Ausstellungen des **Grünen Gewölbes** ❶❸ im **Residenzschloss** ❶❷ und nimmt den Aufstieg auf den **Hausmannsturm** gleich mit. Von seiner Aussichtsplattform bietet sich ein toller Rundumblick über die Stadt.

Wer es in Sachen Kunst ein wenig moderner mag, der ist im **Albertinum** ❺ und im **Lipsiusbau** ❼ an der richtigen Adresse. Hier werden Werke von der Romantik bis zur Gegenwart gezeigt.

Ein mögliches Kontrastprogramm zur Kunst liefert das **Deutsche Hygiene-Museum** ❸❼ am Großen Garten mit seiner faszinierenden Ausstellung rund um den menschlichen Körper – durch das integrierte interaktive Kindermuseum auch für Kinder in-

Dresdens Altstadt im Spiegel der Elbe

teressant – oder aber man besucht das **Panometer** 55 in der alten Gasanstalt der Stadt und lässt sich von einem 360°-Panorama faszinieren.

Nach einer Verschnaufpause taucht man ein in die quirlige Welt der **Äußeren Neustadt** (s. S. 71) zwischen Bautzner Straße und **Alaunpark** [F2/3]. In den unzähligen **Kneipen, Bars und Klubs** lässt sich der erlebnisreiche Tag wunderbar abrunden.

3. Tag: ins Grüne

Am dritten Tag geht es ins Grüne bzw. in die nähere Umgebung Dresdens. Ganz entspannt kann man den Tag im **Großen Garten** 34 verbringen, z. B. mit einem ausgedehnten Spaziergang durch die Parkanlage, einer Fahrt mit der **Parkeisenbahn** 35 oder einem Besuch des **Dresdner Zoos** 36. Eine Ruderpartie auf dem **Carolasee** (s. S. 58) ist eine weitere idyllische Option.

Oder man wählt eine Fahrt mit dem **Schaufelraddampfer** (s. S. 141) und schippert vorbei an den **Elbschlössern** (s. S. 76) bis zum **Blauen Wunder** 52. Von hier nimmt man dann die **Schwebe-** oder die **Standseilbahn** 53 in die Loschwitzer Höhen und genießt eine fantastische Weitsicht auf Dresden und das Umland.

Wer am Blauen Wunder noch nicht den Dampfer verlassen möchte, der bleibt einfach an Bord und fährt bis **Pillnitz** 54 weiter. Im **Wasserschloss** mit seinem weitläufigen Park kann man gemütlich den ganzen restlichen Tag verbringen.

Wer sich noch ein wenig weiter in die Umgebung Dresdens hinauswagen möchte, dem sei ein Besuch von **Schloss Moritzburg** 57 oder ein Ausflug zur **Bastei** 58 in die **Sächsische Schweiz** empfohlen.

Das gibt es nur in Dresden

- ***Die größte Porzellansammlung der Welt:*** *Augusts des Starken „maladie de porcelaine“ (Porzellankrankheit) ließ eine gigantische Sammlung von Porzellanobjekten entstehen. Von einst 35.000 Exponaten sind heute noch etwa 20.000 erhalten und im Zwinger in der* ***Porzellansammlung*** *23 zu bestaunen.*
- ***Das Militärhistorische Museum der Bundeswehr*** *56: Deutschlands größtes militärhistorisches Museum zeigt die deutsche Militärgeschichte von den Anfängen bis zur Gegenwart und beeindruckt mit spektakulärer Architektur von Daniel Libeskind.*
- ***Der älteste Weihnachtsmarkt Deutschlands:*** *Der Striezelmarkt fand erstmals 1434 statt und ist bis heute ein internationaler Publikumsmagnet (s. S. 114).*
- ***Original Dresdner Stollen:*** *Das Markensiegel mit dem Goldenen Reiter garantiert dem Käufer, dass er einen echten, in Dresden oder in der näheren Umgebung hergestellten Stollen bekommt.*
- ***Das Internationale Dixieland Festival:*** *Das größte Oldtime-Jazz-Festival Europas lässt jedes Jahr im Mai in ganz Dresden das „Dixiefieber“ ausbrechen. Auf den Straßen wird geswingt, gesungen und ausgelassen gefeiert (s. S. 112).*

Touren durch Dresden und entlang der Elbe

Spaziergang 1: durch die Altstadt – vom Theaterplatz über die Brühlschen Terrassen zum Altmarkt und zurück zur Frauenkirche

Ausgangspunkt für diesen Spaziergang ist der Theaterplatz vor der beeindruckenden Kulisse der **Semperoper** 19. Vor dem Konzerthaus „reitet“ König Johann: Die Statue ist ein gern genutzter Treffpunkt für Touristen und Dresdner. Das offene Osttor des **Zwingers** 21 lädt zu einem kleinen Abstecher in den Zwingerhof ein – an den Springbrunnen lässt sich die Weitläufigkeit des Festplatzensembles genießen.

Die den Platz umgebenden Gebäude beherbergen die Gemäldegalerie **Alte Meister** 22, die **Porzellansammlung** 23 und den **Mathematisch-Physikalischen Salon** (s. S. 91). Wer möchte, nimmt die Gelegenheit wahr und erklimmt die Stufen hinauf zur Balustrade und hat von oben einen noch besseren Blick auf das Areal und das goldene Kronentor. Im Westteil des Zwingers ist das Nymphenbad zu sehen.

Durch den Glockenspielpavillon verlässt man den Zwinger an dessen Südostseite und befindet sich sogleich auf der Sophienstraße vor dem **Taschenbergpalais** 18. Ein Stück weiter die Sophienstraße steht rechter Hand das **Residenzschloss** 12 mit dem **Grünen Gewölbe** 13. Zwischen Schloss und der **Kathedrale Ss. Trinitatis** 14 geht es nach rechts zum

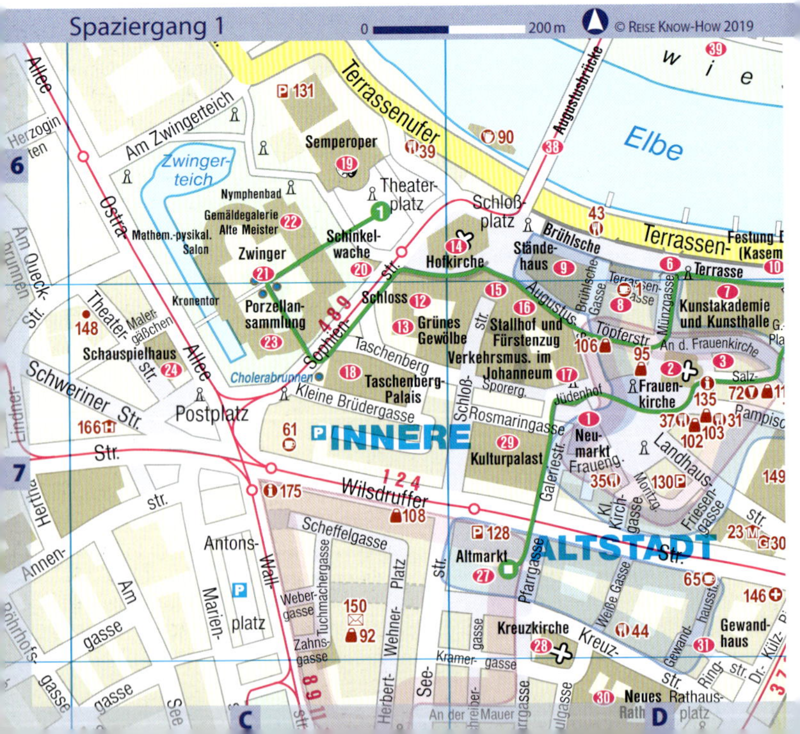

Schlossplatz. Die große Freitreppe führt hinauf zur Brühlschen Terrasse. Man spart die Treppe aber vorerst aus und wählt stattdessen rechts davon die **Augustusstraße.** Völlig kostenlos lässt sich hier die große Open-Air-Ahnengalerie, der **Fürstenzug** 16, bestaunen. Auf über 100 Metern sind auf kunstvollen Porzellankacheln an der Wand die Konterfeis der sächsischen Regenten angebracht. In der sich anschließenden Töpferstraße lohnt sich das Schaufenstergucken im **MEISSEN Store** (s. S. 108).

Schon vom Fürstenzug aus ist im Hintergrund die „**Steinerne Glocke**" der **Frauenkirche** 2 zu sehen, die sich in den Himmel erhebt. An der Ecke der Töpferstraße/Münzgasse steht man dann unmittelbar vor der prächtigen Sandsteinschönheit. Über die Münzgasse geht es

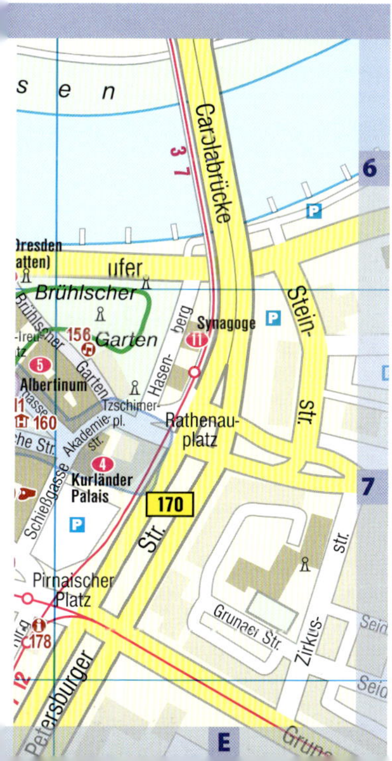

Länge: ca. 2,3 km
Dauer: ca. 2½ Stunden
Beginn: Theaterplatz [C6]
Ende: Altmarkt 27

nun nach links bis zum Treppenaufgang zur **Brühlschen Terrasse** 6. Oben angekommen, befindet man sich auf einem der wenigen erhaltenen Abschnitte der alten Wehranlage der Stadt. Direkt am Aufgang hat man die Sieben-Bastionen-Plastik vor sich. Sie erinnert an die ehemaligen sieben Bastionen der **Dresdner Stadtfestung** 10, die nach der Sonne, dem Mond und fünf Planeten benannt waren. Nach links schweift der Blick über das **Ständehaus** 9 und die **Sekundogenitur** 8, nach rechts geht es weiter, vorbei an der **Kunstakademie** 7, deren Kuppel aussieht wie die wahrscheinlich größte Zitronenpresse der Welt. In einer kleinen Gartenanlage im östlichen Teil der Brühlschen Terrasse, dem **Brühlschen Garten** (s. S. 30), entspannt man entweder auf einer ruhig gelegenen Bank mit Blick auf das **Königsufer** 39 auf der gegenüberliegenden Elbseite oder sucht den **Daumenabdruck Augusts des Starken** im Terrassengeländer (s. S. 30).

Nun kann man die aktuelle Ausstellung im **Albertinum** 5 besuchen und nimmt danach die Treppe hinunter zum Georg-Treu-Platz.

Durch die **Salzgasse** geht es am sich rechter Hand befindenden **Coselpalais** 3 vorbei wieder in Richtung Frauenkirche. Man überquert nun den **Neumarkt** 1 in Richtung **Kulturpalast** 29 und landet so in der **Galeriestraße** [D7]. Die Wilsdruffer Straße querend, führt der Weg zum ältesten Platz Dresdens, dem **Altmarkt** 27, wo

085dn Abb.: br

sich Cafés und jede Menge Shoppingmöglichkeiten befinden. Die südöstliche Ecke des Altmarkts wird von der **Kreuzkirche** 28 markiert. An ihr vorbei gelangt man von der Kreuzstraße in die **Weiße Gasse** [D7] – das „**Kneipenviertel der Altstadt**".

In einem der dortigen Restaurants könnte man den Altstadtspaziergang Revue passieren lassen. Oder man schlendert über die Wilsdruffer Straße [C/D7] wieder zurück zum Neumarkt. Um die Frauenkirche finden sich viele Möglichkeiten für ein gutes Essen vor spektakulärer Kulisse. Wer dann noch immer nicht genug gesehen hat und ein weiteres städtebauliches Highlight erleben möchte, dem empfiehlt sich eine kleine Exkursion zu den alten Stadtmauern Dresdens, in die unter der Brühlschen Terrasse gelegenen **Kasematten** 10.

Der Innenhof des Zwingers 21 ist kostenfrei zugänglich

Spaziergang 2: durch die Neustadt – vom Albertplatz zum „Canaletto-Blick" an der Elbe

Am besten erkundet man die Neustadt zu Fuß. Ein guter Ausgangspunkt für einen Spaziergang ist der **Albertplatz** 44 mit seinen beeindruckenden Zwillingsbrunnen. Eine Bronzestatue des jungen Erich Kästner begrüßt auf der Mauer sitzend die Besucher der Stadt.

Zur Orientierung: Nördlich des Albertplatzes liegt die Äußere Neustadt (s. S. 71), das Dresdner Szeneviertel, südlich des Albertplatzes Richtung Elbe die Innere Neustadt (s. S. 62), die mit ihren barocken Bauten noch einen Eindruck des kurfürstlichen Dresden vermitteln kann.

Los geht es über die **Bautzner Straße** in die **Alaunstraße** [E4]: Schon befindet man sich in einem der größten erhaltenen Gründerzeitviertel Deutschlands. Die Alaunstraße durchzieht die Äußere Neustadt komplett von Süden nach Norden. Seit Jahr und

086dn Abb.: br

Tag wird hier – und in der gesamten Neustadt – saniert. Bauzäune gehören einfach zum Stadtbild dazu. Trotzdem oder gerade deswegen behalten die vielen Kneipen, Restaurants und Läden ihren Charme. Hier wohnen Studenten und Familien, sofern sie sich die Mieten in den sanierten Wohnungen leisten können. Alle reiben sich die Augen, wie schnell ein Lokal, das doch gerade erst eröffnet hatte, auch schon wieder verschwunden ist. (Tipp: Mit dem „Neustadt-Geflüster", www.neustadt-ticker.de, ist man immer auf dem neusten Stand.)

Schlendert man die Alaunstraße weiter in Richtung **Bischofsweg** [F3], kommt man unweigerlich an der **Kunsthofpassage** (47) vorbei. Hier sollte man mindestens eine Viertelstunde Gucken und Staunen einplanen. Dann geht es weiter zum **Alaunplatz**, einem Park, der im 19. Jahrhundert ein Exerzierplatz war und bis 1990 „Platz der Thälmann-Pioniere" hieß. Parkbänke gibt es auch, eine Decke mitzunehmen macht aber Sinn. Vorsicht: Hundehaufen!

Über den Bischofsweg geht es rechts in die **Görlitzer Straße** [F3] bis zur Louisenstraße, die die Äußere Neustadt von Westen nach Osten durchzieht und der man nach links folgt. Nach wenigen Metern biegt man rechts in die **Martin-Luther-Straße** [F4] ein: Ein Blick auf den Martin-Luther-Platz und in die Martin-Luther-Kirche lohnt sich, bevor es rechts in die Pulsnitzer Straße und dann gleich wieder links bis zur Bautzner Str. 79 geht. **Pfunds Molkerei** (48) ist erreicht! Das Paradies für Liebhaber von Milchprodukten aller Art muss man

So beschaulich leer wie hier ist es in der Pfunds Molkerei (48) selten

Länge: ca. 4,5 km
Dauer: ca. 3½–4 Stunden
Beginn: Albertplatz (44)
Ende: Augustusbrücke (38)

Spaziergang 2
0
200 m
© Reise Know-How 2019
Friedens-
dolf-
Ru-
Fritz-Hofmann-
Str.
Lößnitz-
str.
124
Schönbrunns
Eschenstr.
Damm-
Schwepnitzer
Str.
Scheunenhof-
str.
Dr.-Friedrich-Wolf-Str.
Lößnitzstr.
Bischofs-
117
53
83
86
ÄUSSERE
Timaeus
Str.
Jordan-
49
Försterei-
str.
78
Alaun-
Louisen-
10
151
118
74
str.
81
Hansastr.
Schlesischer
Platz
DRESDEN-
NEUSTADT
weg
Stetzscher Str.
Str.
Königsbrücker
80
Katharinenestr.
42
115
84
63
57
Turner-
Berger-
133
Böhmische
Str.
6
3 6 11
Anton-
16
153
Alaun-
Rothenburger
str.
159
str.
6 11
Erna-
Carolinenstr.
Albertplatz und
Erich Kästner Museum
44
2
177
Str.
6 11
101
110
Bautzener
170
Theresien-
str.
INNERE
NEUSTADT
Albert-
platz
Hain-
167
Kultur-
rathaus
Jorge-
Gomondai-
Platz
Am
Schwarzen
Tor
Georgen-
Glacis-
Kleines
Haus
Hoyerswerdaer
Palais-
platz
29
Wall-
gäßchen
94
Nieritzstr.
96
Drei-
königsk.
str.
62
Hospital-
Oberer Kreuzweg
str.
Tieck-
127
König-
45
Dreikönigskirche
An der
43
145
50
119
Ober-
gasse
36
89
104
Metzer Str.
Ritterstr.
Albert-
Paul-Schwarze-
Str.
Melanchthon
Heinrichstr.
nitz-
graben
19
105
46
113
Staats-
archiv
Unt. Kreuzweg
152
Justiz-
ministerium
Ortsamt
Str.
Große Meißner Str.
Räh-
77
27
42
Haupt-
Sarrasanistr.
3 7 8
Str.
Archiv-
Erich-Ponto-
Str.
Str.
Rosa-
Luxemb
Platz
4 9
66
Neustädter
Markt
Goldener Reiter
41
Jägerhof
40
8
8
134
Landwirtschafts-
ministerium
Wilhelm-Buck-
Str.
Innen- u.
Wirtschaftsmin.
str.
Stauden-
garten
9
Köpcke-
str.
Carola-
platz
Wigard-
Staatskanzlei
Finanz- u.
Kultusministerium
Wiesentorstr.
Königsufer
Königsufer
Das Königsufer
39
4 8 9
D
E
3
4
5
6

gesehen und gerochen haben. An der Bautzner Straße spaziert es sich dann wieder ganz wunderbar zurück zum Albertplatz.

Über die **Hauptstraße** 42, einem beschaulichen Fußgängerboulevard, geht es am Schillerdenkmal (s. S. 68) vorbei Richtung Elbe. Ungefähr auf der Hälfte der Hauptstraße bietet sich die Gelegenheit, die barocke **Dreikönigskirche** 43 zu umrunden. Von der noblen **Königstraße** 45, die an die Rückseite der Kirche grenzt, kann man einen ersten Blick auf das fernöstlich anmutende **Japanische Palais** 46 erhaschen.

Wieder zurück auf der Hauptstraße, schlendert man nun im Schatten von Platanen gemütlich an den hell leuchtenden Barockfassaden des **Kügelgenhauses** (s. S. 91) und des **Societaetstheaters** (s. S. 105) vorbei. Anschließend wird man sich dem Reiz eines kleinen Bummels durch die **Kunsthandwerkerpassagen** (s. S. 107) und die angrenzenden Innenhöfe nur schwer entziehen können.

Am Ende des Boulevards glänzt mitten auf dem Neustädter Markt der **Goldene Reiter** 41. Diese Statue Augusts des Starken, des sächsischen Kurfürsten und Königs von Polen, lohnt auf jeden Fall einen Fotostopp. Weiter geht es zum Kopf der **Augustusbrücke** 38, wo linker Hand der **Hofnarr Fröhlich** (s. S. 63) lacht. Die Brücke querend, gelangt man über eine kleine Treppe hinunter zum Elbufer. Hier trifft man auf eine stilisierte rote Staffelei, die als großer „Rahmen" dient und den Blick auf die Stadt zeigt, den der Maler **Canaletto** (s. S. 39) in einer seiner berühmten Veduten festgehalten hat.

Die wenigen Meter zurück zur Brücke sind schnell genommen und über

sie geht man nun praktisch mitten in das Panorama Dresdens hinein: Hofkirche 14, Residenzschloss 12, Georgentor 15 sind zu sehen, links davon der „Balkon Europas", die Brühlsche Terrasse 6, und dahinter die Dächer und Türme von Ständehaus 9, Sekundogenitur 8, Frauenkirche 2, Kunstakademie 7 und Albertinum 5.

Spaziergang 3: vom Schillerplatz zum Villenviertel Weißer Hirsch

Für diese Tour sollte man einen Vor- oder Nachmittag einplanen. Der Clou: Mit der **Standseilbahn** 53 fährt man die Elbhänge hinauf und mit der **Schwebebahn** später wieder hinunter. Vom Zentrum aus dauert die Fahrt in den **Dresdner Stadtteil Blasewitz** zum Startpunkt Schillerplatz (Tramhaltestelle: Schillerplatz) gut 20 Min. Der Spaziergang durch die Elbhänge bietet ein abwechslungsreiches Auf und Ab, eine Trekking-Tour ist er aber nicht, man bewegt sich immer auf sicherem Terrain. Zusätzliches Plus: Immer wieder wird man während des Spaziergangs im Hang zwischen den Villen und den zum Teil großzügig angelegten Gärten mit einem Blick auf die Elbe belohnt. Festes Schuhwerk empfiehlt sich spätestens dann, wenn man den Skulpturengarten Weißer Hirsch besuchen möchte.

Los geht's am **Schillerplatz** im historischen Villenvorort Blasewitz. Von dort spaziert man über das **Blaue Wunder** 52 auf die rechte Elbsei-

Länge: ca. 5 km
Dauer: ca. 3–5 Stunden
Beginn/Ende: Schillerplatz [io], Dresdner Stadtteil Blasewitz

Hier reitet in Gold gegossen August der Starke 41 – Kurfürst von Sachsen

te zum **Körnerplatz** [io] und wechselt so von Blasewitz in den Dresdner Stadtteil Loschwitz. Die **Talstation der Standseilbahn** ist am Fuß des Elbhangs zwischen zwei Häuserfronten schnell gefunden. In einer der beiden gelb-weißen Bahnen überwindet man während der fünfminütigen Fahrt einen Höhenunterschied von 95 Metern. Auf der Bergstation angekommen, ist man auch schon mittendrin im Nobelviertel und ehemaligen Kurort **„Weißer Hirsch“.** Der Name geht auf die Schänke „Zum Weißen Hirsch“ zurück, die hier Ende des 17. Jahrhunderts beheimatet war, heute aber nicht mehr existiert.

Direkt neben der Bergstation der Standseilbahn steht der **Luisenhof** (s. S. 97). Seit weit mehr als 100 Jahren gehört ein Kurzbesuch auf der Terrasse des Café-Restaurants zu einem Ausflug in die Loschwitzer Elbhänge, denn hier ist die Aussicht über das Dresdner Elbtal besonders schön. Anschließend geht es die **Bergbahnstraße** weiter hinauf. Sie führt halbrechts in die **Plattleite,** vorbei an den Institutsgebäuden des Physikers Manfred von Ardenne (1907–1997), der auf dem Weißen Hirsch lebte und arbeitete. Astronomie-Fans sei ein Besuch der **Sternwarte** empfohlen (Plattleite 29).

Etwa einen halben Kilometer folgt man der Plattleite und biegt anschließend rechts in die Stangestraße ein. Rechter Hand steht die 1888 erbaute **Evangelische Kirche Weißer Hirsch.** Ein Besuch des innen ganz in weiß gehaltenen Gotteshauses mit einem modernen Altarfries lohnt sich.

Die Stangestraße geht in die Oskar-Pletsch-Straße über. Am Ende der Oskar-Pletsch-Straße biegt man links in die Straße An der Berglehne [jn/o] ein. Literaturinteressierte aufgepasst: Die **Villa Fuchsbau** (An der Berglehne 18) soll dem Schriftsteller Uwe Tellkampf (geb. 1968) als Vorlage für die „Villa Tausendaugenhaus" in seinem Roman „Der Turm" gedient haben.

Von der Villa Fuchsbau geht es direkt rechts in die Sonnenleite hinein. Von hier aus kann man auch schon einen Blick in den **Skulpturengarten Weißer Hirsch** werfen (Sonnenleite 15, www.glypt.de). Was die Juristin und Sammlerin Barbara Bauer mit ihrem Mann seit 1997 an Kunstwerken für den 5000 m² großen Garten angekauft und zusammengetragen hat, ist beeindruckend und vielfältig. Zu sehen sind Arbeiten ortsansässiger und internationaler Künstlerinnen und Künstler ab der zweiten Hälfte des vergangenen Jahrhunderts, etwa ein Nagel-Finger-Torso von Tony Cragg ... Nach telefonischer Voranmeldung (Tel. 0172 4566680) führt die Hausherrin die Besucher etwa eine Stunde lang über das Gelände mit den fast 50 Exponaten.

Am Ende der Sonnenleite biegt man rechts in die Steglichstraße, die zur Grundstraße führt. Dort angekommen geht es rechts herum und nach etwa 100 Metern überquert man die Grundstraße [jo] und spaziert in die Ulrichstraße, die sich den Berg hinaufschlängelt. Etwa 400 Meter weiter biegt man rechts in die zweite Querstraße ein, die **Sierksstraße** [jo]. Sie endet nach nicht ganz einem Kilometer an der **Bergstation der Schwebebahn.** Hier kann man noch einmal

088dn Abb.: br

den Blick vom Hang auf die Elbe genießen, bevor es in einem Abteil der Schwebebahn 84 Höhenmeter hinab ins Tal geht.

Jetzt gleich zurück zum Schillerplatz? Besser noch schnell das Gesellenstück des Frauenkirchen-Architekten George Bähr besuchen: die **Loschwitzer Kirche** (s. S. 78) und vielleicht noch das **Leonhardi-Museum** (s. S. 79). Über den Körnerplatz und das „Blaue Wunder" gelangt man schließlich wieder zurück zum Schillerplatz.

⌃ *Nostalgisches Relikt aus dem späten 19. Jahrhundert: die Standseilbahn* 53

⌃ *Das Blaue Wunder verbindet die Stadtteile Blasewitz und Loschwitz*

Radtour: auf dem Elberadweg von der Altstadt nach Pillnitz und wieder zurück

Diese Fahrradtour entlang der Elbe führt von der City bis zum Schloss Pillnitz und kann als Halbtags- oder Tagesausflug gestaltet werden, je nach Kondition und den geplanten oder spontanen Sightseeing-Stopps. Wer kein eigenes Fahrrad vor Ort hat, der findet auf S. 135 verschiedene Verleiher.

Der **Elberadweg** führt auf beiden Seiten des Flusses entlang und ist gut bis sehr gut befahrbar, wobei der linkselbige Teil deutlich besser ausgebaut und überwiegend asphaltiert ist, teils firmiert er als ei-

Länge: ca. 25 km
Dauer: ca. ½ – 1 Tag (je nach Kondition und Sightseeing-Programm)
Beginn: Carolabrücke (Altstadtufer, E6)
Ende: Augustusbrücke 38

genständiger Radweg. Um beide Elbufer-Seiten kennenzulernen, ist diese Radtour wie folgt gestaltet: auf der Hinfahrt linkselbig – stromaufwärts und auf der Rückfahrt rechtselbig – stromabwärts.

Startpunkt ist an der **Carolabrücke** auf der linken Elbseite. Der Einstieg – links vom Terrassenufer/Ecke Steinstraße – ist schnell gefunden. Der Radweg ist durchgehend mit dem Elberadweg-Logo gekennzeichnet. Knapp einen halben Kilometer geht es an den Schiffsanlegern der Sächsischen Dampfschiffahrt entlang, dann erreicht man die nächste Brücke, die **Albertbrücke** [F6]. Unterhalb der Brücke findet jeden Samstag ab 8 Uhr der beliebte und gut besuchte **Elbeflohmarkt** statt (s. S. 107). Einen Kilometer weiter erreicht man den **Fähranleger Johannstadt** und nach ca. 750 Metern erstreckt sich die moderne Waldschlösschenbrücke über die Elbe. Während es auf dieser Elbseite noch eben bleibt, steigen auf der anderen Uferseite sanft die Elbhänge an, jetzt sind auch die drei Elbschlösser – **Schloss Albrechtsberg** 49, das **Lingnerschloss** 50 und **Schloss Eckberg** 51 – in Sicht gekommen. Die Elbe vollzieht jetzt einen großen geschwungenen Bogen. Nach etwas weniger als drei Kilometern erreicht man das **Blaue Wunder** 52, den hellblauen Stahlriesen, der fast schwebend Blasewitz und Loschwitz miteinander verbindet.

Das kleine urbane Stück am Fuße des Blauen Wunders ist schnell durchquert, dann geht es 3,2 km wieder durch die Elbwiesen (lohnenswerter Abstecher vom Blauen Wunder: Ernemannturm Technische Sammlungen, s. S. 77) am Kanusportverein/Segelclub Dresden vorbei zur Tolkewitzer Str./Johannisfriedhof und zum Alten Krematorium im Urnenhain Tolkewitz (s. S. 77) bis zur **Fährstelle Laubegast.** Kurz dahinter rücken die Wohnhäuser wieder näher ans Ufer und nach einer leichten Elbbiegung schiebt sich auch schon das prächtige **(Lust-)Schloss Pillnitz** 54 mit seiner markanten Wassertreppe zur Elbe hin in den Blick. Nach 3,4 km erreicht man schließlich den **Fähranleger Kleinzschachwitz.** Die **Fähre** bringt

092dn Abb.: fo © jovannig

Radler und Rad trocken über den Fluss (1 Person inkl. Fahrrad 2 €, Hin- und Rückfahrt 3,50 €) und Schloss Pillnitz kann erkundet werden.

Von Pillnitz geht es nun auf der rechten Elbseite zurück nach Dresden. Nach 3,4 km ist die Fährstelle Niederpoyritz erreicht. Unterhalb vom Stadtteil Wachwitz – oben auf dem Hang thront der Dresdner Fernsehturm – geht es 3,5 km bis nach Loschwitz zum Blauen Wunder. Die Villen des Weißen Hirschs schmiegen sich rechter Hand in den Hang und vis-à-vis sieht man nun wieder die drei prägnanten Elbschlösser (lohnenswerte Abstecher in Loschwitz: eine Fahrt mit der Schwebe- oder Standseilbahn 53, das Leonhardi-Museum, s. S. 79, ein Eis bei Kleinerts Spezialitäten, s. S. 108). Vorbei am kleinen Loschwitzer Hafen, an Weinbergen, den drei Elbschlössern und der Saloppe – dem ehemaligen Wasserwerk Dresdens aus dem Jahr 1875 – gelangt man nach 3 km zur Waldschlösschenbrücke (lohnenswerte Abstecher: Weinprobe im Kavaliershaus Schloß Albrechtsberg bei Winzerfamilie Müller, s. S. 108, Gedenkstätte Bautzner Straße, s. S. 90).

Einen Kilometer weiter erreicht man den **Fähranleger Neustadt** und noch einen Kilometer weiter am Rosengarten vorbei die Albertbrücke. Ab hier breiten sich nun rechter Hand die Sächsische Staatskanzlei (s. S. 64) und linker Hand das Dresden-Panorama in voller Schönheit aus (lohnenswerter Abstecher: der Bogenschütze – Skulptur im Staudengarten neben der Albertbrücke, s. S. 64). Unter der Carolabrücke [E6] hindurch sind es nur noch wenige hundert Meter auf dem sogenannten Königsufer bis zum Endpunkt der Radtour, der Augustusbrücke 38 (lohnenswerte Abstecher: die Skulptur des Hofnarren Fröhlich an der Augustusbrücke, s. S. 63, eine Erfrischung im Elbsegler, s. S. 100, Fotosession am Canalettoblick, s. S. 39).

Weitere Infos zum Elberadweg finden sich unter **www.elberadweg.de.**

Malerisch arrangiert: Schloss Pillnitz 54 *und seine Parkanlage*

Rund um den Neumarkt

Wo sonst sonnt es sich so exklusiv wie im Glanz der Frauenkirche? Die wieder aufgebaute Sandsteinschönheit dominiert ganz klar die historische Altstadt um den Neumarkt. Ringsherum füllen von Jahr zu Jahr immer mehr neue Gebäude mit barocken Fassaden den lange Zeit leerstehenden Raum. Man flaniert auf Kopfsteinpflaster und Geschäfte, Cafés und Restaurants laden zum Verweilen ein.

Auf der Brühlschen Terrasse schlendert man am Albertinum, der Kunstakademie, der Sekundogenitur und dem Ständehaus vorbei und wird nur beim Blick in den offenen Hof der Festung Dresden gewahr, dass man sich eigentlich auf der jahrhundertealten Stadtbefestigung befindet.

1 Neumarkt ★★ [D7]

Hier ist der Name Programm. Fast alles rings um den Neumarkt ist neu, und das, obwohl der Platz schon seit mehreren Hundert Jahren besteht. Die Stadt wuchs Anfang des 16. Jh. in östlicher Richtung und der Abriss der alten Stadtmauer schuf Raum für einen neuen, einen **zweiten Marktplatz** – den Neumarkt. Nicht überraschend: Von da an hieß der ältere, ursprüngliche Marktplatz Altmarkt.

Der Neumarkt entwickelte sich mit seinem **einzigartigen Ensemble barocker Bürgerhäuser** und gekrönt von der Kuppel der Frauenkirche 2 zum Herzstück des historischen Dresden.

Beim **Bombenangriff** im Februar 1945 wurde der Platz jedoch nahezu vollständig zerstört und was noch stand, fiel in der DDR bis 1962 der Enttrümmerung zum Opfer. Eine **Brachfläche** mit der Ruine der Frauenkirche als **Mahnmal** gegen den Krieg entstand. Mit den Plänen des Wiederaufbaus der Frauenkirche wuchs Mitte der 1990er-Jahre nun ebenso der Wunsch, dem Neumarkt sein altes Gesicht wiederzugeben. Mit **historisch anmutenden Fassaden** vor hochmodernen Gebäudekernen wird seitdem versucht, Geschichte zu rekonstruieren. Die Ergebnisse sind vielfach beeindruckend, doch das Baukonzept ist nicht unumstritten, denn es hat den Beigeschmack von Kulissenbau für ein Dresden, das es so nicht mehr gibt.

In insgesamt **acht Quartiere** ist das städtebauliche Konzept des neuen Neumarkts gegliedert. Hinter den neuen „alten" Fassaden sind nach und nach Hotels, Restaurants und Einkaufsmöglichkeiten entstanden. Zwei bemerkenswerte Denkmäler befinden sich ebenfalls auf dem Platz: **Martin Luther** vor der Frauenkirche und **König Friedrich August II. von Sachsen** vor dem Steigenberger Hotel de Saxe.

› www.neumarkt-dresden.de, Tramhaltestelle: Altmarkt

2 Frauenkirche ★★★ [D7]

Die Frauenkirche ist zentraler Bestandteil der Dresdner Stadtsilhouette – oder genauer: Sie ist es wieder. Am 30. Oktober 2005 feierten Dresdner gemeinsam mit Besuchern die Weihe des wiederaufgebauten Gotteshauses.

Die ursprüngliche Planung und den Bau der Frauenkirche verdankt Dresden einem Mann, von dem kein einziges Portrait überliefert ist, dessen **„Steinerne Glocke"** aber fast die ganze Welt kennt: **George Bähr** (1666–1738). Dem Dresdner Ratszimmermeister stand auf dem Neumarkt 1 nicht viel Platz zur Verfügung, als ihn die Stadt 1722 mit dem Neubau des langsam verfallenden Vorgängerbaus der Frauenkirche beauftragte. Diese Kirche trug den Namen „Unserer Lieben Frau" und ihre Geschichte reicht bis ins 11. Jahrhundert zurück. Viele Möglichkeiten hatte Bähr im Grunde nicht. Die Enge des Neumarkts zwang ihn zu einem Zentralbau mit **quadratischer Grundfläche.**

Die Anerkennung und den Applaus der protestantischen Bürger Dresdens für die repräsentative Kirche, die sie sich herbeigesehnt hatten, konnte Bähr nicht mehr persönlich entgegennehmen. Er starb fünf Jahre vor ihrer Fertigstellung. 1743 vollendete sein langjähriger Mitarbeiter Johann Georg Schmidt das Bauwerk. Und mit der 1754 neu geweihten Katholischen Hofkirche (14) war Dresden in der Mitte des 18. Jh. „auf einen Schlag" um **zwei nagelneue Kirchen** reicher.

Während der Bauzeit der Frauenkirche gab es immer wieder die Frage, ob die steinerne und nicht wie anfangs geplant hölzerne **Kuppel** zu schwer sein könnte für die acht Mittelpfeiler, die sie tragen sollten. Doch Mittelpfeiler und Kuppel hielten – und wie. Die Bombardierung im Jahr 1760 im Siebenjährigen Krieg durch preußische Kanoniere überstand die Frauenkirche unversehrt und Preußens König Friedrich II. soll gesagt haben: **„Laßt den ollen Dickkopp stehen."**

Nach der Nacht vom 13. auf den 14. Februar 1945, der Nacht des Bombenangriffs der Alliierten und dem darauffolgenden Feuersturm, der durch die Stadt fegte, war die

084dn Abb.: br

Blick in die prachtvolle Kuppel der Frauenkirche

Dresdner Innenstadt ein Ruinenmeer. Nur die Frauenkirche ragte aus den Trümmern heraus – Bombenhagel und Feuer hatten ihr dem Anschein nach nichts anhaben können. Doch der äußere Schein trog. Das Feuer hatte nicht nur die hölzerne Innenausstattung zerstört, sondern auch den Sandstein stark beschädigt. Die Tragfähigkeit der Pfeiler hatte so sehr darunter gelitten, dass sie am 15. Februar dem tonnenschweren Gewicht der Kuppel nicht mehr standhielten und die Frauenkirche in sich zusammenbrach.

In den nachfolgenden Jahren blieb die Frauenkirche – aus finanziellen wie städtebaulichen Gründen – **Rui-**

ne und Mahnmal. Mit der deutschen Wiedervereinigung 1990 gründete sich eine engagierte Bürgerinitiative für einen Wiederaufbau der Frauenkirche und wandte sich mit dem **„Ruf aus Dresden“** an die Weltöffentlichkeit. In den darauf folgenden Jahren wurden so über 100 Millionen Euro an Spendengeldern zusammengetragen. Die Gesamtkosten des Wiederaufbaus betrugen 182,6 Mio. Euro.

1993 begann man mit der **Enttrümmerung** des 22.000 m³ großen Ruinenberges. Alle brauchbaren Sandsteinstücke wurden akribisch sortiert, vermessen und dokumentiert. Danach standen die Bauarbeiter vor einem gigantischen **Sandsteinpuzzle** und sie schafften tatsächlich das Kunststück, mehr als 8000 der alten Steine in die neue Bausubstanz zu integrieren – sie sind deutlich durch die dunklere Färbung erkennbar.

Die „Aufräumarbeiten“ förderten auch einige Überraschungen zu Tage: das verloren geglaubte **Turmkreuz** – und die gut erhaltenen Utensilien der Putzfrau der Frauenkirche. Das alte, stark beschädigte Turmkreuz steht heute als Mahnmal im Kirchenschiff. Die Kuppel krönt ein neues Kreuz – ein **Geschenk Großbritanniens**, übergeben durch den Herzog von Kent. 2005 wurde die Frauenkirche mit begeisterten Dresdnern und Besuchern **feierlich geweiht.**

Außen wie innen erstrahlt sie in **altem Glanz.** Der Innenraum mit fünf gestaffelten Emporen leuchtet in hellen Farben, die große **Innenkuppel** zieren acht kunstvoll bemalte Felder mit den vier Evangelisten Matthäus, Markus, Lukas und Johannes und den vier Tugenden Glaube, Liebe, Hoffnung und Barmherzigkeit. Der **barocke Altar** von Johann Christian Feige konnte fast vollständig wiederhergestellt werden. Die meisterhafte Silbermannorgel, auf der kein Geringerer als Johann Sebastian Bach eines der ersten Konzerte gab, wurde komplett zerstört. Die neue, **moderne Orgel** mit 4876 Orgelpfeifen steht der alten in nichts nach – von ihrer enormen Klangkraft kann man sich bei einem Konzert oder einer Orgelandacht überzeugen. Nur ab und an löst die neue alte Kirche eine kleine Irritation aus, nämlich dann, wenn die **fehlende Patina** bemerkt wird, die alte Kirchenhäuser normalerweise überzieht.

Die Frauenkirche ist etwas Besonderes in Dresden: Ihre bewegte Geschichte und ihre imposante Erscheinung machen sie zu einem

Das „Sandsteinpuzzle“ Frauenkirche 2

EXTRAINFO

Die Frauenkirche in Zahlen

- **Abmessungen:** 50,02 m Länge (West-Ost) und 41,96 m Breite (Nord-Süd)
- **Gesamthöhe** (einschließlich Turmkreuz): 91,23 m
- **Höhe der Kuppel:** 24 m
- **Außendurchmesser Kuppel:** 26,15 m
- **Kuppelmauerwerk:** zwischen 1,19 und 1,75 m stark
- **Höhe der Besucherplattform:** 67,06 m
- **Emporen:** 5
- **Sitzplätze:** 1818
- **Orgel:** 67 Register und 4876 Orgelpfeifen
- **Glocken:** 8
- **Größte Glocke:** „Jesaja" (Friedensglocke), Durchmesser: 140,4 cm, Gewicht: 1750 kg
- **Besucher pro Jahr:** ca. 2 Mio.

eindrucksvollen **Symbol für Frieden und Versöhnung** und lässt Dresdner wie Besucher ins Schwärmen geraten – egal ob man sie nur von Weitem sieht, vor ihr auf dem Neumarkt steht oder in ihrem Kirchenraum sitzt.

- www.frauenkirche-dresden.de, tägl. 10–12 u. 13–18 Uhr (außer bei Veranstaltungen), Eintritt frei (Spende erbeten), Tramhaltestelle: Altmarkt
- **Kuppelaufstieg** (über Eingang G, gegenüber Coselpalais 3, Zugang per Fahrstuhl bis zum Wendelgang, dann Aufstieg über 127 Stufen): März–Okt. Mo.–Sa. 10–18, So. 12.30–18 Uhr, Nov.–Feb. Mo.–Sa. 10–16, So. 12.30–16 Uhr, Eintritt: 8 €, erm. 5 €, Familien 20 €
- **Zentrale Kirchenführung** nach einer Andacht oder Vesper, Mo.–Sa. 12, Mo.–Mi. u. Fr. 18 Uhr, Dauer: ca. 50 Min., Eintritt frei (Spende erbeten)

3 Coselpalais ★ [D7]

Graf Friedrich August von Cosel, der Sohn der Gräfin Cosel, der Mätresse Augusts des Starken, ließ das **Rokokopalais** genau an der Stelle, an der bis 1744 der Pulverturm der Stadt stand, erbauen, wohnte hier allerdings nie.

Der berühmte Oberlandbaumeister Johann Christoph Knöffel hatte nach dem Abriss des Pulverturms auf dem Gelände zwei Bürgerhäuser errichtet, von denen er das eine selbst bewohnte. Bereits 1760 wurden aber beide Häuser durch den Artilleriebeschuss Friedrichs II. stark in Mitleidenschaft gezogen. Graf Friedrich August von Cosel kaufte das Grundstück – und besaß nun zwei beschädigte Häuser. Der von ihm beauftragte Baumeister **Christoph Gotthard Schwarze** schuf aus zwei Bürgerhäusern ein Adelspalais: Er baute einen neuen Eingang und lagerte dem Gesamtgebäude zwei niedrige Seitenflügel vor. Diese beiden Seitenflügel überstanden die Bombardierung im Februar 1945 – zusammen mit den Sandsteinpostamenten – und wurden 1976/77 restauriert und als Büroräume genutzt. Die **Fundamente des ehemaligen Pulverturms** konnten 1995 freigelegt werden und das Gewölberestaurant heißt heute noch so: Pulverturm.

- Tramhaltestelle: Altmarkt

4 Kurländer Palais ★ [E7]

Nach dem Wiederaufbau der Frauenkirche 2 fragten sich viele Besucher der Stadt, was es denn mit der nahegelegenen Ruine auf sich habe: Das Kurländer Palais war bis 2008 die **letzte verbliebene Kriegsruine** in der Dresdner Innenstadt.

Das einstige **Gouverneurshaus** erlitt seit seinem Bau im Jahr 1718 mehrere Blessuren, besonders aufsehenerregend war wohl ein **Brand** im Jahr 1728. Der Hausbesitzer, Christoph Graf von Wackerbarth, hatte damals keine Geringeren als den preußischen König Friedrich Wilhelm I. und den Kronprinzen Friedrich, den späteren **Friedrich den Großen**, zu Gast. Die illustre Gesellschaft kam mit dem Schrecken davon und blieb zum Glück unversehrt, aber das Haus ging in Flammen auf.

Im Laufe der Zeit wurde der Bau für die verschiedensten Zwecke genutzt. Von 1980 bis 1997 war z. B. in den Kellergewölben der legendäre Dresdner **Jazz Club Tonne** untergebracht. Knapp zehn Jahre später begann man mit der Rekonstruktion des kriegszerstörten Gebäudes und machte es zum **Tagungs- und Veranstaltungsort.** Seinen Namen verdankt das Kurländer Palais übrigens dem Enkel Augusts des Starken, dem Prinzen Karl von Sachsen, Herzog von Kurland.

› Tzschirnerplatz 3–5, Tramhaltestelle: Synagoge, www.kurlaender-palais.com

5 Albertinum (Galerie Neue Meister und Skulpturensammlung ab 1800) ★★★ [D7]

Das im Jahr 1559 erbaute Zeughaus, das damals eines der größten Arsenalbauten in Europa war, widmet sich heute als Ausstellungsgebäude nicht mehr kriegerischen Zwecken, sondern ausschließlich den schönen Künsten.

Als 1877 ein neues Arsenal in der Albertstadt entstanden war, wollte man das alte Zeughaus zunächst abreißen. **König Albert** entschied sich aber gegen den Abriss und ließ es zu einem **Museum für die Skulpturensammlung** umgestalten. Von außen erhielt das Gebäude ein der Zeit entsprechendes neues architektonisches Gewand im Stil des **Historismus.**

Nach den Kriegsschäden von 1945 an Schloss und Zwinger fehlte es an Raum für die vielen Kunstschätze der Stadt und so wurden im Albertinum von 1959 bis 2004 u. a. auch Teile der Sammlung des Grünen Gewölbes ausgestellt. Das **Elbehochwasser** im Jahr 2002, das auch das Albertinum schwer in Mitleidenschaft zog, gab Anlass für einen Umbau und eine Neukonzeption der Ausstellung. 2010 öffnete das neu gestaltete **Museum der Moderne** seine Pforten. Der Architekt Volker Staab entwarf mit dem weitläufigen, 17 Meter hohen Lichthof und den zwei neuen Stockwerken eine „Arche für die Kunst“.

In „Dresdens Wunderkammer der Gegenwart“ (Die Zeit) zeigen die **Ga-**

lerie **Neue Meister** und die **Skulpturensammlung ab 1800** Werke von der Romantik bis zur Gegenwart: u.a. Gemälde von Caspar David Friedrich, Claude Monet und den Brücke-Künstlern sowie Skulpturen von Auguste Rodin, Wilhelm Lehmbruck etc. Außerdem sind ausgewählte Teile der **Antikensammlung** in eindrucksvollen gläsernen Schaudepots zu bestaunen.

Wer detaillierte Informationen zu den einzelnen Kunstwerken bekommen möchte, der sollte unbedingt das Angebot des im Eintrittspreis enthaltenen **Audioguides** annehmen – es lohnt sich.

› Tzschirnerplatz 2, Tramhaltestelle: Synagoge, Eingang über Brühlsche Terrasse o. Georg-Treu-Platz, Tel. 49142000, www.skd.museum, Di.–So. 10–18 Uhr, Eintritt inkl. Audioguide 10 €, erm. 7,50 €, Kombiticket Albertinum u. Kunsthalle im Lipsiusbau 12 €, erm. 10 €, unter 17 Jahren frei

6 Brühlsche Terrasse ★★★ [D6]

Diese „Terrasse" sprengt alle Dimensionen, mehr als einen halben Kilometer lang und bis zu 200 Meter breit thront sie zehn Meter über der Elbe auf der ehemaligen Festungsanlage zwischen dem Brühlschen Garten und dem Schlossplatz, auf den die 41 Stufen der großen Freitreppe hinunterführen. Auf dem „Balkon Europas" kommt der Besucher in den Genuss eines ganz besonderen Ausblicks: Im Vordergrund lassen sich die Elbraddampfer bestaunen, auf der anderen Elbseite liegt die Neustadt, die Villenstadtteile Loschwitz und Weißer Hirsch geraten elbauf-

⊡ *Blick auf die Brühlsche Terrasse* 6

023dn Abb.: br

wärts, die Große Kreisstadt Radebeul mit ihren Weinhängen elbabwärts in den Blick. Die Weitläufigkeit der Promenade lädt zum Flanieren ein, die Perspektive verändert sich dabei ständig.

Kurfürst Friedrich August II., der Sohn Augusts des Starken, schenkte seinem Premierminister **Graf Heinrich von Brühl** (1700–1763) einst das weitläufige Areal. Der Graf nutzte von 1739 bis 1748 die Gelegenheit, an zentraler Stelle mehrere Repräsentationsbauten erstehen zu lassen: Gemäldegalerie, Bibliothek und ein Palais. Von den barocken „Brühlschen Herrlichkeiten" selbst ist nicht mehr viel zu sehen, die Gebäude wurden mit der Zeit abgerissen oder umgebaut. Heute dominieren hier Gebäudefassaden aus der Zeit des **Historismus:** Albertinum 5, Kunstakademie 7 und Ständehaus 9, einzige Ausnahme bildet die Sekundogenitur 8, ein zierliches **Rokokobauwerk.**

Die Brühlsche Terrasse ist wohl der schönste und größte „Balkon" in Europa und zudem für jedermann frei zugänglich. Bis 1814 war sie noch dem sächsischen Adel vorbehalten, heute ist der Besucher herzlich zum **herrschaftlichen Flanieren** und Genießen eingeladen.

Im **Brühlschen Garten**, der kleinen grünen Parkanlage im Ostteil der Brühlschen Terrasse, gibt es einige Kleinode, die es zu entdecken lohnt, u.a. den fröhlich plätschernden **Delphinbrunnen**, das **Böttgerdenkmal** – ein Portrait Johann Friedrich Böttgers (s. S. 47) aus echtem Meissner Porzellan – sowie das **Caspar-David-Friedrich-Denkmal**, eine drei Meter hohe Edelstahlskulptur, die das Atelier des Künstlers darstellt. Der scharfsichtige Besucher entdeckt im Terrassengeländer (zur Synagoge hin) den **Daumenabdruck Augusts des Starken** – der Legende nach soll der sächsische Kurfürst einst mit dieser markanten Delle im Eisen seiner Kraft einen bleibenden Ausdruck verliehen haben.

› Tramhaltestelle: Synagoge oder Theaterplatz

7 Kunstakademie und Kunsthalle im Lipsiusbau ★ [D7]

Die **Kunstakademie** ist das größte Gebäude auf der Brühlschen Terrasse und durch die einzelnen Gebäudeteile vielmehr ein Gebäudekomplex. Der Architekt Constantin Lipsius schuf den mächtigen, vierflügeligen Bau von 1887 bis 1894 als neue **Ausbildungs- und Ausstellungsstätte.** Dominiert wird er von der ihn überragenden großen, **gefalteten Glaskuppel** mit der **goldenen Skulptur der Fama** (Göttin des Ruhms) auf ihrer Spitze. Die moderne Kuppel zog bei ihrem Bau den Unmut der Bürger auf sich, heute gehört sie aber unabdingbar zum Dresdner Stadtbild und trägt im Volksmund den schelmischen Beinamen **„Zitronenpresse"**.

Eine Hälfte des Gebäudes ist heute nach wie vor der **Hochschule für Bildende Künste Dresden** vorbehalten. Künstlergrößen wie Canaletto oder Caspar David Friedrich nahmen hier als Dozent oder Professor einen Lehrauftrag wahr und brachten der Dresdner Kunstakademie internationale Anerkennung. Den anderen Teil, den von der Glaskuppel gekrönten **Lipsiusbau,** nutzen die **Staatlichen Kunstsammlungen** als Raum für wechselnde Ausstellungen.

Zwischen der Kunstakademie und der Sekundogenitur 8 – direkt vor der Treppe, die zur Münzgasse

[D7] hinunterführt, kann die **Sieben-Bastionen-Plastik** (1990, Vincenz Wanitschke) bestaunt werden. Ein Kunstobjekt, das an die sieben Bastionen der Dresdner Stadtbefestigung erinnert, die nach Sonne, Mond und fünf Planeten benannt wurden und hier mit charakteristischen Symbolen und Weisheiten gestaltet sind.

> **Hochschule für Bildende Künste Dresden,** Brühlsche Terrasse 1, Tramhaltestelle: Synagoge, www.hfbk-dresden.de. **Kunsthalle im Lipsiusbau,** Tel. 49142000, www.skd.museum, geöffnet: Di.–So. 10–18 Uhr, Eintritt variiert je nach Sonderausstellung, Kombiticket Albertinum u. Kunsthalle am Lipsiusbau 12 €, erm. 10 €

8 Sekundogenitur ★ [D7]

An das monumental anmutende Ständehaus 9 schließt im Osten die Sekundogenitur an – ein heiteres, eher zierliches **Rokokogebäude** mit heller Fassade und hellgrünem Kupferdach. Bis Ende des 19. Jh. nahm diesen Platz die Brühlsche Bibliothek ein. Nach ihrem Abriss entstand aus der Hand von Hofbaumeister Gustav Fröhlich das neue Gebäude und wurde zunächst von Prinz **Johann Georg,** dem Zweitgeborenen in der Thronfolge, für die **Ausstellung der königlichen Kupferstichsammlung** genutzt. Sein „Rang" verlieh dem Gebäude den bis heute geläufigen Namen: Sekundogenitur. Heute ist hier ein Café untergebracht.

Auf der Brühlschen Terrasse, unmittelbar vor der Sekundogenitur, steht das **Rietscheldenkmal,** eine Bronzestatue zu Ehren des **Bildhauers Ernst Rietschel** (1804–1861) mit drei symbolhaften Reliefs für Geschichte, Poesie und Religion und drei lebensgroßen sitzenden Knaben, die bildhauerische Tätigkeiten zeigen: Zeichnen, Meißeln und Modellieren.

> Brühlsche Terrasse, Tramhaltestelle: Theaterplatz

KLEINE PAUSE

Café Vis-à-Vis

Das Hotel Hilton führt in der Sekundogenitur das Café Vis-à-Vis, das durch eine kleine Brücke fest mit dem Hotel verbunden ist. Im Sommer kann man an Tischen direkt auf der Brühlschen Terrasse Platz nehmen und bei einem Stück Kuchen aus der hauseigenen Patisserie die Flaneure beobachten.

1 [D7] **Café Vis-à-Vis,** An der Frauenkirche 5 bzw. Brühlsche Terrasse, Tel. 8642837, tägl. 11–18 Uhr (bei schönem Wetter auch früher und „open end")

9 Ständehaus ★ [D6]

Ende des 19. Jh. wurde es den sächsischen Volksvertretern im Landhaus (heute Stadtmuseum, s. S. 93) an der Wilsdruffer Straße zu eng. Ein neues Parlamentsgebäude musste her. Der gewählte neue Standort in unmittelbarer Nähe zu Schloss und Hofkirche und der mit dem Neubau beauftragte Architekt **Paul Wallot** (1841–1912) zeigen, welche Bedeutung man dem neuen Ständehaus beimaß. Wallot, der Architekt des Reichstagsgebäudes in Berlin, war seit 1894 Professor an der Dresdner Kunstakademie. Er entwarf an der Stelle des Brühlschen Palais, das abgetragen wurde, einen trapezförmigen und **monumental anmutenden Bau.** Der massige Turm mit der vergoldeten „Saxonia" auf seiner Spitze symbolisierte das Selbstbewusstsein der **Volksvertretung** und ist seither ein markanter Bestandteil der

Stadtsilhouette. Nach 1945 blieb vom Ständehaus nur eine Ruine, an eine Nutzung als Landtag war nicht zu denken. Eine **umfassende Rekonstruktion** ließ das Gebäude wiedererstehen. Heute sind hier das Landesamt für Denkmalpflege und das Sächsische Oberlandesgericht untergebracht. Einige Räume nutzt der Landtagspräsident für repräsentative Zwecke.

› Schloßplatz 1, Tramhaltestelle: Theaterplatz

10 Festung Dresden (Kasematten) ★★ [D6]

Den meisten Besuchern ist nicht bewusst, dass sie, während sie über die Brühlsche Terrasse schlendern, die alten Festungsmauern Dresdens aus dem 16. Jahrhundert unter sich haben. Einige der betagten Zeitzeugen wie **Ziegeltor, Wachstube** und **Kanonenhöfe** sind erhalten geblieben und können besichtigt werden. **Noch bis Dezember 2019 ist die Festung Dresden wegen Baumaßnahmen geschlossen.** Durch ihre Lage ist sie eine der Sehenswürdigkeiten, die mit als erstes bedroht sind, wenn die Elbe Hochwasser führt. Ein umfangreicher Hochwasserschutz ist deshalb eine der wichtigsten Maßnahmen des Umbaus. Zudem wird an einem barrierefreien Zugang und an einem neuen Ausstellungskonzept gearbeitet: Mit der Wiedereröffnung der Festung können sich Besucher auf „Feste. Dramen. Katastrophen. So nah wie nie." freuen.

› Georg-Treu-Platz 1, Tramhaltestelle: Synagoge oder Theaterplatz, Zugang von der Brühlschen Terrasse aus über Treppenabstieg zwischen Albertinum und Kunstakademie, Tel. 438370320, www.festung-dresden.de

11 Synagoge ★★ [E7]

Die **alte Synagoge**, die Gottfried Semper in den Jahren von 1838 bis 1840 erbaut hatte, brannten die Nationalsozialisten in der **Pogromnacht** des 9. November 1938 nieder. Nur der **Davidstern** blieb erhalten. Er schmückt heute den Eingang der neuen Synagoge. Einer der Feuerwehrmänner, die damals nicht löschen durften, sondern nur das Übergreifen der Flammen auf benachbarte Häuser zu verhindern hatten, rettete ihn und gab ihn der Gemeinde zurück. An das ehemalige Gotteshaus erinnern heute ein **Gedenkstein** und ein im Hof in den Boden eingelassenes, mit Glasscherben gefülltes Rechteck.

Die **neue Synagoge** weihte die Jüdische Gemeinde am 9. November 2001 ein, genau 63 Jahre nach dem Pogrom. Der **in sich gedrehte Kubus** und die 34 nach außen hin fensterlosen Quaderschichten – Fenster gibt es nur zum Innenhof – wirken hermetisch, irritierend und faszinierend zugleich: Die Drehung des Gebäudes ist ein **architektonischer Clou** und stellt die kluge Lösung eines Problems durch den Grundstücksschnitt dar. Erst die oberste Quaderschicht ist – für ein jüdisches Gotteshaus notwendig – nach Osten ausgerichtet, in Richtung des Jerusalemer Tempelberges. Die neue Synagoge mit ihrer an Sandstein erinnernden Betonfassade gehört zum modernen Stadtbild Dresdens.

› Hasenberg 1, Tramhaltestelle: Synagoge, www.freundeskreis-synagoge-dresden.de, Tel. 6560720, öffentliche Führungen So.–Do. (außer an hohen jüdischen Feiertagen) – aktuelle Termine sind im Internet zu finden (www.hatikva.de), Eintritt 6 €, erm. 4 €. Männliche Besucher sollten eine Kopfbedeckung tragen!

Das Schlossensemble

Im und rings um das Residenzschloss erwarten den Dresdenbesucher prachtvolle Zeugnisse des alten königlich-herrschaftlichen Glanzes. Üppig gefüllte, kulturelle „Schatzkammern“ und beeindruckende Bauwerke laden ein, in den Reichtum und das mondäne Leben des sächsischen Hochadels einzutauchen.

12 Residenzschloss ★★★ [C7]

Die einstige Residenz der sächsischen Kurfürsten und Könige hat sich stetig verändert – je nach Monarch, neuem Machtanspruch und den jeweiligen Moden in Kunst und Architektur wuchs und wandelte sich das Residenzschloss.

Zuerst **einfache Burg** (Ende des 13. Jh. erstmals erwähnt), wurde das Gebäude ab Mitte des 16. Jh. zum **Renaissanceschloss** umgebaut. Die prächtig gestaltete Fassade, die Schlosshöfe und der markante Hausmannsturm an der Nordwestseite machen es zu einem der bedeutendsten Schlossanlagen dieser Epoche. Bis 1945 war der **Hausmannsturm** mit 100,27 Metern übrigens der höchste Turm Dresdens, danach wurde ihm dieser Rang durch den Rathausturm 30 abgelaufen.

Mit dem Ende der Monarchie in Sachsen 1918 erreichte das Kapitel „Königliche Residenz“ sein Finale. Der Name Residenzschloss blieb aber bestehen. Nachdem das Schloss im Zweiten Weltkrieg fast völlig zerstört worden war, baute man es nach und nach zur „Residenz der Kunst und Wissenschaft“ wieder auf. Heute ist das Schloss **Ausstellungsort** und zugleich das Herzstück der **Staatlichen Kunstsammlungen Dresden.** Hier sind das Kupferstich-Kabinett, das Münzkabinett, das Grüne Gewölbe 13, die Rüstkammer im Riesensaal und die Türckische Cammer zu besichtigen. Die Sammlung des **Kupferstich-Kabinetts** umfasst über eine halbe Million Zeichnungen, Aquarelle und Grafiken, was sie zu einer der weltweit größten und bedeutendsten Sammlungen dieser Art macht. Picasso, Dürer, Rembrandt und Toulouse-Lautrec sind nur einige der zwanzigtausend internationalen Künstler, deren Werke hier versammelt sind.

Seit dem 15. Jh. haben die wettinischen Herrscher die in der Rüstkammer ausgestellten **Ritterrüstungen, Harnische und Prunkwaffen** gesammelt. Diese Sammlung wird im Hauptsaal des Schlosses, dem **Riesensaal,** präsentiert. Was es mit den mittelalterlichen Ritterspielen und Turnieren, den Hetzjagden und Hoffesten auf sich hatte, wird hier sehr anschaulich: Eine Rüstung schützte den Ritter im Kampf, eine Prunkrüstung repräsentierte aber durch die handwerkliche Qualität und die Kunstfertigkeit der Ausführung die Stellung und den Rang. Ein Beispiel dafür ist der Prunkharnisch für Mann und Pferd, den der Antwerpener Goldschmied Eliseus Libaerts 1563/64 für den schwedischen König Erik XIV. schuf. Sehenswert: Das Kurschwert von Moritz von Sachsen (1547–1553), der Dresden zur kurfürstlichen Residenz machte.

Die Bezeichnung Riesensaal, man könnte vermuten, er hieße aufgrund seiner Dimension von 57 Metern Länge und 13 Metern Breite so, geht übrigens auf die damals auf den Fensterpfeilen aufgemalten Riesen zurück.

In der **Türckischen Cammer** ist eine der ältesten Sammlungen osmanischer Kunstgegenstände außerhalb der Türkei zu bestaunen. Schon allein wegen des kunstvoll bestickten, sechs Meter hohen und zwanzig Meter langem aufgespannten Dreimastzelts lohnt sich ein Besuch.

Das Schloss ist trotz historisch genauer Rekonstruktion auch ein gelungenes Beispiel für die Einbindung **moderner Architektur in historische Bausubstanz.** Aus Ermangelung eines Foyers wurde der kleine Schlosshof in Firsthöhe mit einem selbsttragenden **transparenten Membrandach** aus Folienkissen überdacht. Luftig leicht umspannt das Dach den Hof und fügt sich harmonisch in das Schlossgefüge ein, so als wäre es schon immer da gewesen. Kunstvoll ist auch die liebevoll restaurierte schwarz-weiße Sgraffito-(Kratzputz-)Fassade des großen Schlosshofes, dessen vollständige Sanierung Ende 2019 abgeschlossen sein soll.

Ein Muss für alle, die Treppen nicht scheuen: Vom Hausmannsturm hat man einen wunderschönen **Panoramablick** über die Dächer der Stadt.

› Eingang: Sophienstraße/Taschenberg 2 oder Schlossstraße/Löwentor, Tramhaltestelle: Theaterplatz oder Postplatz, Tel. 49142000, www.skd.museum, tägl. 10–18 Uhr, Di. geschl., Eintritt (gilt für Neues Grünes Gewölbe, Rüstkammer im Riesensaal, Türckische Cammer, Münzkabinett, Fürstengalerie, April–Okt. Hausmannsturm, Sonderausstellungen im Kupferstich-Kabinett, nicht für Historisches Grünes Gewölbe ⓭) inkl. Audioguide: 12 €, erm. 9 €, unter 17 Jahren frei. Die Aussichtsplattform des Hausmannsturms in 38,62 m Höhe (222 Stufen) kann auch separat besichtigt werden, Eintritt 5 €, erm. 4 €, April–Okt. tägl. 10–18 Uhr, Di. geschl. (letzter Aufstieg ca. 17.30 Uhr)

› Die Öffnungszeiten des Kupferstich-Kabinetts variieren je nach Sonderausstellung, tägl. 10–18 Uhr, Di. geschl.

⓭ Grünes Gewölbe ★★★ [C7]

Die malachitgrüne Farbgestaltung der Wände in den Gewölberäumen des Residenzschlosses war einst Inspiration bei der Namensgebung. Seit 1547 ist das Grüne Gewölbe Aufbewahrungsort für die Kostbarkeiten des sächsischen Hofes. August der Starke erweiterte die vier Räume umfassende Wunderkammer um acht weitere Gewölbe und machte die Sammlung 1724 für die Öffentlichkeit zugänglich.

Im Zweiten Weltkrieg wurde das Residenzschloss schwer beschädigt und die Sammlung obendrein Kriegsbeute der Sowjetischen Armee. Erst 1958 kehrte sie wieder zurück nach Dresden. Umfassende Rekonstruktionen und Umgestaltungen folgten. Den Besucher erwartet nun wieder eine **üppig gefüllte Schatzkammer**, aufgeteilt in **zwei eigenständige Ausstellungen:** das Historische Grüne Gewölbe und das Neue Grüne Gewölbe.

Die 1730 durch August den Starken zur Inszenierung seines Reichtums und seiner Macht entstandene Sammlung des **Historischen Grünen Gewölbes (Barocke Schatzkammer)** umfasst Schätze aus Gold, Bronze, Bernstein und Elfenbein sowie mit Juwelen und Edelsteinen besetzte Schmuckstücke. 2006 ist die Sammlung wieder an ihren Ursprungsort in das Erdgeschoss des Westflügels zurückgekehrt. Eine Besonderheit: Die rund 3000 prunkvollen wie wertvollen Objekte werden frei stehend präsentiert, also ganz ohne störendes Vitrinenglas. Dafür muss man am Eingang durch eine Sicherheitsschleuse.

Im 1. Stock des Residenzschlosses ist das **Neue Grüne Gewölbe (Museum für Schatzkunst)** ansässig. Hier gibt es neben unzähligen anderen Kostbarkeiten auch die außergewöhnlichen, filigranen Goldschmiedearbeiten des Hofjuweliers Dinglinger wie den „Hofstaat des Großmoguls" oder „Das Goldene Kaffeezeug" zu bestaunen. Absolut einmalig sind außerdem der mit 185 Gesichtern beschnitzte Kirschkern und die Hutagraffe mit dem grünen Diamanten.

- **Historisches Grünes Gewölbe,** Erdgeschoss, Eintritt (inkl. Audioguide): 12 €, Kinder unter 17 Jahren frei, Achtung: Zeitticket (Eintritt innerhalb eines bestimmten Zeitfensters), tägl. 10–18 Uhr, Di. geschl., Tipp: Kombiticket „Residenzschloss mit Zeitticket Historisches Grünes Gewölbe" 21 €
- **Neues Grünes Gewölbe,** 1. Obergeschoss, Eintritt u. Öffnungszeiten siehe Residenzschloss 12

König-Johann-Denkmal, Katholische Hofkirche 14 und Schloss 12 bei Nacht

14 Kathedrale Ss. Trinitatis (Katholische Hofkirche) ★★★ [D6]

Gemeinsam mit der Frauenkirche 2 prägt die Kathedrale Sanctissimae Trinitatis die unverwechselbare Silhouette von Dresden. Sie ist mit einer Grundfläche von über 4800 m² der größte Kirchenbau Sachsens.

Mitte des 18. Jahrhunderts schuf der italienische Architekt **Gaetano Chiaveri** mit der Hofkirche ein bedeutendes Werk des Spätbarocks. Dass inmitten des protestantischen Zentrums von Sachsen ein **katholisches Bauwerk** entstand, resultiert aus dem politischen Machtwillen Augusts des Starken. Er war 1697 zum Katholizismus übergetreten, um König von Polen werden zu können, und wollte seinen neuen Glauben in der Öffentlichkeit repräsentiert sehen. Realisiert wurde der Kirchenbau jedoch erst unter seinem Sohn Friedrich August II.

1739 wurde der Grundstein für die Hofkirche gelegt – direkt zwischen

075dn Abb.: br

August der Starke

*Von allen sächsischen Herrschern ragt einer besonders heraus: August der Starke (geb. 12. Mai 1670 in Dresden, gest. 1. Februar 1733 in Warschau) - **Kurfürst Friedrich August I. von Sachsen und König August II. von Polen.** Ob in Form des prächtigen Standbildes Goldener Reiter* 41 *oder in den wilden Geschichten, die sich um ihn ranken - in Dresden sind August der Starke und die Spuren seiner Regentschaft stets präsent. Und das aus gutem Grund, denn einige der bedeutendsten Bauten wie Zwinger, Frauen- und Hofkirche sind auf seine Initiativen zurückzuführen. Er und sein Sohn Friedrich August II., von Architektur und Kunst begeistert, formten Dresden zu einer prachtvollen barocken Residenzstadt. Sie begründeten mit der in die Geschichte als **Augusteisches Zeitalter** eingegangenen Epoche auch den Mythos vom barocken Dresden.*

*Dass August der Starke als **Zweitgeborener** 1694 mit 24 Jahren die Kurfürstenwürde erhielt, verdankte er ausschließlich dem frühen Tod seines älteren Bruders. Eigentlich nie für eine autoritäre Monarchenrolle gedacht, lagen seine herausragenden Erfolge auch ganz und gar nicht in Politik, Wirtschaft und Militär, sondern nahezu ausschließlich im Bereich **Kunst und Kultur.***

*Wie in der damaligen Zeit unter den europäischen Regenten „en vogue", bezog auch August der Starke seine Inspirationen für **höfischen Absolutismus** vom Maßstäbe setzenden Sonnenkönig Ludwig XIV. Man könnte mutmaßen, dass August in seinem Wirken ohne den französischen Herrscher undenkbar gewesen wäre. Dessen **Machtdemonstration** in all ihren Facetten faszinierte und prägte den sächsischen Kurfürsten in großem Maße.*

*Der sächsische Regent liebte dreierlei: **Porzellan, Architektur** und natürlich **Frauen.** Um seine Manneskraft ranken sich die wildesten Gerüchte. Man schreibt dem sächsischen Kurfürsten sage und schreibe 354 Kinder zu. Für diese Zahl findet man allerdings nirgends stichhaltige Beweise, tatsächlich nachgewiesen sind neun Kinder, eins mit seiner Frau Christiane Eberhardine, der Prinzessin von Brandenburg-Bayreuth, und acht uneheliche*

Schloss 12 und Augustusbrücke 38. Der Baugrund für die neue Kirche war durch die bestehenden Festungsbauten und den Brückenkopf sehr stark begrenzt. Deshalb wurde die Hofkirche nicht wie üblich mit der Längsachse nach Osten ausgerichtet, sondern nach Südwesten. Vor dem Gebäude stehend, die Augustusbrücke im Rücken, präsentiert sich die Kirche dem Betrachter daher mit einer gewissen **dynamischen Räumlichkeit.**

Die Hofkirche wird von insgesamt **78 Heiligenfiguren** gesäumt. Die über drei Meter hohen Figuren – ein Gesamtwerk von Lorenzo Mettielli – finden sich in zahlreichen Nischen und auf Balustraden rings um die Kirche. In ihrem Inneren ist die Hofkirche dann überraschend schlicht gestaltet. Aufmerksamkeit sollte der von **Balthasar Permoser** geschnitzten **Barockkanzel** und der letzten von **Gottfried Silbermann** gebauten **Orgel** gelten.

Kinder mit verschiedenen Mätressen. Mit der Gräfin Anna Constantia von Brockdorff, der späteren Gräfin von Cosel, hatte er sogar drei Kinder.

Ebenso wie bei seiner Potenz gibt es die farbenprächtigsten Geschichten zu seiner angeblichen ***physischen Stärke*** *– die Palette reicht von zerbrochenen Hufeisen und verbogenen Münzen bis hin zum mit dem Daumen eingedrückten Eisengeländer auf der Brühlschen Terrasse 6.*

Zunächst „nur" Kurfürst, liebäugelte er mit einem viel größeren Titel, dem des Königs. Für die ***Königswürde*** *konvertierte er sogar zum Katholizismus, um sich 1697 zum König von Polen krönen lassen zu können. Damit entsetzte er nicht nur die protestantische sächsische Bevölkerung, sondern nahm auch den endgültigen Bruch mit seiner Ehefrau Christiane Eberhardine in Kauf, die ihm und Dresden fortan den Rücken kehrte.*

Mit 63 Jahren starb der sächsische Kurfürst und König von Polen, schwer zuckerkrank, in Warschau – der Legende nach soll er sich im Tode selbst die Augen geschlossen haben.

Die spartanische Innengestaltung war übrigens der Grund für Gaetano Chiaveri, vorzeitig seine Baustelle zu verlassen. Er hatte eine weitaus opulentere und prunkvollere Ausstattung der Kirche vorgesehen, doch da der Sächsische Hof aus chronischem Geldmangel nur über ein beschränktes Budget verfügte, konnten seine Pläne nur eingeschränkt realisiert werden. Chiaveri reiste frustriert zurück nach Italien und war bei der Fertigstellung der Hofkirche nicht anwesend. Neben dem untypisch schlichten Inneren birgt die Katholische Hofkirche noch eine Besonderheit: einen **zweistöckigen Prozessionsgang.** Da im protestantischen Sachsen öffentliche Prozessionen nicht gern gesehen waren, behalf man sich auf diese Weise. Die Festzüge konnten so direkt unter dem Dach der Kirche abgehalten werden – allein unter den Augen der Katholiken.

In den **Grabgewölben** der Kirche ruhen die prachtvollen Särge der katholischen Kurfürsten und Könige von Sachsen. Die sterblichen Überreste Augusts des Starken sucht man hier vergeblich, denn er wurde nicht hier, sondern in Krakau beigesetzt. Allerdings war es der Wunsch Augusts des Starken, dass sein **Herz** in einer extra dafür angefertigten **Urne** die letzte Ruhe in Dresden finden sollte. Seit 1755 ist die Urne an ihrem jetzigen Platz in der Stiftergruft.

› Schlossstr. 24, Tramhaltestelle: Theaterplatz, außerhalb der Gottesdienste geöffnet: Mo.–Do. 9–17, Fr. 13–17, Sa. 10–17, So. 12–16 Uhr, Führungen durch Kirche und Gruft: Termine im Schaukasten am Eingang A, per Tel. 4844712 (Pfarrbüro), 48189001 (Sakristei) oder auf der Website des Bistums Dresden www.bistum-dresden-meissen.de/pfarreien/dresden-kathedrale

EXTRAINFO

Napoleonstein

Aufmerksame Besucher finden links vor dem Haupteingang der Hofkirche 14 (auf dem Schlossplatz, ca. 10 m von der Kirche entfernt) einen Pflasterstein mit einem eingekerbten **„N"**. Hier soll Napoleon am 26. Aug. 1813 vor der Schlacht von Dresden gestanden haben, während seine Truppen an ihm vorbeizogen.

15 Georgentor (Georgenbau) ★★ [D7]

Das 1535 fertiggestellte Georgentor bzw. der Georgenbau mit prächtiger **Schaufassade** ist Dresdens **erstes Renaissancebauwerk.** Zwischen Residenzschloss 12 und Stallhof 16 bildete der Bau ursprünglich einmal das Elbtor der Festungsmauern und wurde bis 1918 vom sächsischen König als Wohnraum genutzt.

In der zweiten Etage befindet sich die Dauerausstellung des **Münzkabinetts.** In vier Räumen und einem zusätzlichen Saal für Sonderausstellungen wird der umfangreichen Sammlung an Münzen, Medaillen und anderen Geldschätzen von der Antike bis heute Raum geboten.

› Eintritt siehe www.skd.museum
› Tramhaltestelle: Theaterplatz

16 Stallhof ★★ und Fürstenzug ★★★ [D7]

Östlich des Residenzschlosses 12, den Georgenbau 15 und das Johanneum 17 verbindend, befindet sich der Stallhof. Der ehemalige Turnierplatz ist jedes Jahr von Ende November bis Ende Dezember Schauplatz des mittelalterlichen Weihnachtsmarktes (s. S. 114). An der Außenseite des Stallhofs, in der Augustusstraße, hat Dresden zudem eine einzigartige Open-Air-Ahnengalerie zu bieten – den Fürstenzug.

EXTRAINFO

Der Fürstenzug in Zahlen

› **Länge:** 102 m
› **Höhe:** 9,5 m
› **Fläche:** 957 m²
› **Fliesen:** ca. 25.000
› **Personen:** 94
› **Pferde:** 45
› **Windhunde:** 2

Auf fast 25.000 fugenlos angebrachten Kacheln aus Meissner Porzellan reiten die **Regenten Sachsens** hier durch die bewegte Geschichte des Landes. 35 Wettiner Markgrafen, Herzöge, Kurfürsten und Könige sind hier abgebildet, begleitet von Handwerkern, Musikern und vielen anderen Personen. Auch der Künstler selbst hat sich im Fürstenzug verewigt. Markant herausragend ist August der Starke im letzten Viertel des Zuges.

Ahnengalerie aus Porzellankacheln: der Fürstenzug 16

089dn Abb.: fo © Uwe

Canalettos Dresden

***Bernardo Bellotto**, genannt **Canaletto**, war ein italienischer Maler, der die Stadt Dresden einfühlsam und realistisch in ihrem Barockglanz in Bildern festhielt und damit nicht nur ihren Mythos weiter festigte, sondern gleichzeitig authentische Vorlagen für die in der Neuzeit notwendige Rekonstruktion der zerstörten Stadt lieferte. Seinen Künstlernamen lieh er sich von seinem Mentor und Onkel Giovanni Antonio Canal, einem venezianischen Vedutenmaler.*

*Im Jahr 1746 folgte der junge Canaletto dem Ruf des sächsischen Kurfürsten an dessen Hof nach Dresden. Der Sohn Augusts des Starken, Friedrich August II., begeistert für italienische Kunst und Architektur, engagierte den 24-Jährigen für ein exorbitantes Jahresgehalt von 1750 Talern - das höchste damals einem Künstler gezahlte Honorar - und ließ ihn die Residenzstadt mittels **großformatiger Stadtansichten** (Veduten) „dokumentieren". Während seiner zwei Aufenthalte in Dresden von 1746 bis 1759 und 1761 bis 1767 schuf Canaletto zwei Vedutenserien. Eine für den Kurfürsten und eine für den Grafen von Brühl. Zusätzlich fertigte er von allen Gemälden stets aktuell gehaltene Radierungen an.*

*Eine Besonderheit seiner meisterhaft dargestellten Stadtansichten ist die Staffage seiner Bilder. Sie ist nicht rein willkürlich, sondern genaue Beobachtung und Abbildung und damit **Dokumentation des Alltags** im Dresden des 18. Jahrhunderts.*

Sein zweiter Aufenthalt in Dresden war durch den Tod des Kurfürsten und das Ableben des Grafen von Brühl von weniger Ruhm gekrönt. Der hochdotierte Künstler verlor nicht nur seine beiden Fürsprecher, sondern wurde damit konfrontiert, dass seine Malerei nicht mehr zeitgemäß war. Die 1764 neu gegründete Kunstakademie Dresden fand nur bedingt Beachtung für Canaletto und stellte ihn lediglich als Dozent für die Thematik „Perspektive" ein. Drei Jahre später kehrte er deshalb Dresden den Rücken und ging nach Warschau an den Hof des polnischen Königs, Stanisław II. August. Dort lebte und arbeitete er bis zu seinem Tod im Jahr 1780.

*Zu den wohl bekanntesten und auch heute noch anhand der bestehenden Bausubstanz gut nachvollziehbaren Veduten von Dresden zählen **„Dresden vom rechten Elbufer unterhalb der Augustusbrücke"** - allgemein als „Canaletto-Blick" bekannt (Standpunkt in Höhe des Hotels Bellevue) -, **„Dresden vom linken Elbufer oberhalb der Augustusbrücke"** (Standpunkt auf der Brühlschen Terrasse 6, Höhe Kunstakademie) und **„Der ehemalige Zwingergraben in Dresden"** (Standpunkt am Nordwestzipfel des Zwingerteichs). Dank einer erfolgreichen Spendenaktion konnte der **„Canaletto-Blick"** umfassend restauriert werden und ist seit Ende 2011 im neuen alten Glanz wieder in den Staatlichen Kunstsammlungen Dresden, in der **Gemäldegalerie Alte Meister** 22, zu bewundern. Den „Canaletto-Blick" kann man auch heute noch anhand einer markanten, großen roten Staffelei nachvollziehen. Man findet sie annähernd an der Stelle, wo Canaletto einst gestanden haben mag.*

Von **Wilhelm Walter** (1872–1876) ursprünglich als sogenanntes Sgraffito(Kratzputz)-Gemälde an der Langen Wand (Außenwand des Stallhofs) in grau-weiß geschaffen, wurde der Fürstenzug bereits nach der Jahrhundertwende wegen nicht aufhaltbarer Schäden durch Porzellan-Kacheln ersetzt. Und was man auf Anhieb vielleicht nicht vermuten würde: Der Fürstenzug ist keine reine **„Männerangelegenheit"**, denn am Ende des Zuges ist in einer Gruppe von Kindern die einzige weibliche Figur zu finden, ein Mädchen.

› **Fürstenzug,** Augustusstraße, Außenseite des Stallhofs (Lange Wand oder Langer Gang genannt), Tramhaltestelle: Theaterplatz

17 Verkehrsmuseum Dresden im Johanneum ★★ [D7]

Ende des 16. Jahrhunderts benötigte der Kurfürst (Christian I.) dringend mehr Raum zur Unterbringung seiner Rüstkammer, für Kutschen und Pferde und ließ daher das Residenzschloss 12 um einen prachtvollen Renaissancebau am Ende des Langen Ganges erweitern. In den nachfolgenden Epochen gab es hier zahlreiche Umbauten u.a. auch durch König Johann, dessen Namen das Gebäude nun trägt.

Die heute hier untergebrachte Museumswelt ist ganz der Mobilität gewidmet – das **Verkehrsmuseum Dresden** ist seit 1956 im einstigen kurfürstlichen Stallgebäude zu Hause. Auf ca. 5000 m² Ausstellungsfläche sind Exponate aus dem Luft- und Straßenverkehr, der Schifffahrt und dem Eisenbahnverkehr zu bestaunen. Highlights der Ausstellung: eine Sänfte aus dem 17. Jahrhundert und die **älteste** noch original erhaltene **Dampflok** Deutschlands, die sächsische **„Muldenthal"**.

› Augustusstraße 1, Tramhaltestelle: Altmarkt, www.verkehrsmuseum-dresden.de, Tel. 86440, Di.–So., Oster-/Pfingstmontag 10–18 Uhr, Eintritt: 9 €, erm. 4 € (Kinder bis 5 Jahre frei), außerhalb der Öffnungszeiten: Führung „Auf einen Happen Geschichte(n) ins Museum – Mittagspausenführung" immer montags 12.30–13 Uhr, 3 €

18 Taschenbergpalais ★ [C7]

Das Taschenbergpalais ließ August der Starke im Jahr 1705 für seine Mätresse, die Gräfin Cosel, erbauen. Später als **Wohnsitz der Kronprinzen** genutzt, ist das Palais heute ein exklusives Hotel (www.kempinski-dresden.de) und beherbergt außerdem das Gewölberestaurant Sophienkeller (www.sophienkeller-dresden.de).

Direkt vor dem Eingang des Sophienkellers steht der 18 m hohe neogotische **Cholerabrunnen**, der daran erinnert, dass Dresden Mitte des 19. Jahrhunderts (1840) von der grassierenden Choleraepidemie verschont blieb.

› Tramhaltestelle: Theaterplatz

EXTRATIPP

TimeRide VR Dresden

Was bislang dem Kölner Publikum vorbehalten war – ein virtueller Rundgang durch die historische Altstadt –, kann nun auch in Dresden bestaunt werden: In sieben Kutschen geht es auf **Virtual-Reality-Zeitreise** durch das barocke Dresden.

› **TimeRide VR Dresden,** im Taschenbergpalais 18, Tel. 4911650, www.timeride.de/Dresden, tägl. ab 10 Uhr, Dauer 45 min.

027dn Abb.: br

Rund um den Theaterplatz

Einen Steinwurf vom Schlossplatz entfernt – auf der anderen Seite der Hofkirche – beginnt der Theaterplatz. Man braucht ein wenig Zeit, um die vielen architektonischen Eindrücke auf sich wirken zu lassen. Der Rundblick – am besten von der Mitte des Platzes beim König-Johann-Denkmal aus – zeigt, wie sehr sich hier Dresdner Bau- und Kunstgeschichte konzentriert: Die Hofkirche mit ihren 78 Sandsteinfiguren, rechts von ihr das Residenzschloss und die Schinkelwache, das Innere des Zwingers lässt sich durch das Tor der Sempergalerie erahnen und die Semperoper bildet den glanzvollen Abschluss. Hat man dieses Areal erkundet, lässt sich ein möglicher Stadtspaziergang durch den Zwinger zum Schauspielhaus fortsetzen. Touristisch nicht so überlaufen geht es dann auf der Ostra-Allee am Haus der Presse vorbei weiter zur Yenidze, um am linken Elbufer entlang wieder zum Theaterplatz zurückzukehren.

19 Semperoper ★★★ [C6]

Dass die Semperoper zu den bekanntesten Opernhäusern Deutschlands gehört, hängt nicht nur mit den Fernsehwerbespots einer sächsischen Bierbrauerei aus dem nahen Radeberg zusammen.

Berühmt ist die Semperoper vor allem wegen ihres erstklassigen Orchesters, der 1548 gegründeten **Sächsischen Staatskapelle**, die sich seit 2012 unter der Leitung von Christian Thielemann befindet, und nicht zuletzt natürlich durch die Architektur **Gottfried Sempers** (1803–1879). Nach seinen Plänen wurde das Dresdner Opernhaus von 1871 bis 1878 im Stil der italienischen Hochrenaissance erbaut. Eigentlich hatte Semper mit dem Bau eines ersten „Königlichen Hoftheaters“ 1841

Dresdens Opernhaus genießt Weltruhm, Tickets sind heiß begehrt

an gleicher Stelle seine Arbeit längst erledigt, aber dieses Theater brannte 1869 ab. König Johann beauftragte ihn mit dem Wiederaufbau. Semper lebte zu dieser Zeit in Wien und übertrug seinem Sohn Manfred die Bauleitung. Außerdem hatte er die zwanzig Jahre zurückliegenden Ereignisse der Revolution von 1848/49 wohl kaum vergessen, als er – Verfechter bürgerlicher Grundrechte – nach dem Scheitern des Dresdner Maiaufstands 1849 als Barrikadenbauer steckbrieflich gesucht wurde und aus Sachsen fliehen musste. Sachsen hatte den gegen ihn gerichteten Haftbefehl erst 1863 aufgehoben

Am 2. Februar 1878 wurde die Semperoper eröffnet und sie erlebte bis zu ihrer Zerstörung am 13. Februar 1945 viele beeindruckende Uraufführungen, vor allen Dingen jene der Opern von **Richard Strauss.** Genau 40 Jahre später, am 13. Februar 1985, konnte die wiederaufgebaute Semperoper mit Carl Maria von Webers „Freischütz" eingeweiht werden. Zwar verursachte das verheerende Elbehochwasser im August 2002 Schäden in Höhe von 27 Millionen Euro, die Oper konnte ihren Spielbetrieb aber schon drei Monate später wieder aufnehmen.

Es lohnt sich, die Semperoper eine Zeit lang von außen zu betrachten: In der Mitte wird die Eingangsfront von der bronzenen **Pantherquadriga** von Johannes Schilling bekrönt – vier Panther ziehen einen offenen Wagen mit Dionysos und seiner Braut Ariadne. Links und rechts des Eingangs finden sich Sitzfiguren Goethes und Schillers von Ernst Rietschel und in den seitlichen Nischen Skulpturen von Shakespeare, Sophokles, Molière und Euripides, die von Ernst Julius Hähnel geschaffen wurden. Diese Figuren hatten den Brand des ersten Hoftheaters 1869 unversehrt überstanden.

Wer kurzfristig keine Karten für eine Abendvorstellung bekommt, dem ist eine der fast täglich angebotenen **Führungen** zu empfehlen. Die Semperoper empfängt jeden Tag rund 1000 Gäste zu Rundgängen, Konzerten und Veranstaltungen. Der Gang durch die geschmückten Foyers und Treppenhäuser mit Marmorsäulen, Wand- und Deckengemälden ist ein Erlebnis. Ein absolutes Muss ist außerdem ein Blick in den Zuschauerraum mit den vier Rängen, dem gewaltigen gemalten **Schmuckvorhang** und der berühmten **Fünfminutenuhr** mit einem linken Fenster, in dem mit römischen Zahlen die Stunden, und einem rechten Fenster, in dem mit arabischen Zahlen die Minuten in Fünfer-Abständen zu sehen sind.

› Theaterplatz 2, Tramhaltestelle: Theaterplatz, www.semperoper.de, Kartenvorverkauf in der Schinkelwache (20) oder an der Abendkasse jeweils eine Stunde vor Vorstellungsbeginn. Führungen: Termine auf www.semperoper-erleben.de (abhängig vom Probenbetrieb).

(20) Schinkelwache (Altstädter Wache) ★ [C6]

Exklusiver als in der ehemaligen Hauptwache Dresdens, die eher einem Tempel als einer Wachstube gleicht, könnte die **Theaterkasse der Semperoper** (19) kaum untergebracht sein. Den Entwurf für das Gebäude lieferte kein Geringerer als der preußische Baumeister **Karl Friedrich Schinkel** (1781–1841), daher der Name Schinkelwache. König Anton (1827–1836) wünschte sich von dem damaligen Stararchitekten eine moderne Wachstube nach damals aktuellem Standard. Schinkel lieferte prompt, kam aber nie persönlich nach Dresden, sodass der Architekt Joseph Thürmer von 1830 bis 1832 die Bauleitung übernehmen musste. Ein wenig verloren wirkt dieses Beispiel **preußischen Klassizismus** inmitten von Rokoko und Neorenaissance schon. Thürmer konnte es sich jedoch nicht verkneifen, dem Gebäude einen **sächsischen „Touch"** zu geben: Statt der von Schinkel vorgesehenen Siegesgöttin Viktoria platzierte er im Giebelfeld der Vorhalle Richtung Residenzschloss ⓬ (Sophienstraße) eine sitzende Saxonia.

› Theaterplatz 2, Tramhaltestelle: Theaterplatz, Tel. 4911705, Besucherdienst der Semperoper Dresden in der Schinkelwache: Mo.–Fr. 10–18, Sa. 10–17 (Jan.–März 10–13), So./Feiertag 10–13 Uhr (nur an den Tageskassen)

Italienisches Dörfchen

Der Name der Gaststätte Italienisches Dörfchen am Ufer der Elbe erinnert an ein längst nicht mehr existierendes Viertel: Zwischen Zwinger und Elbufer siedelten sich ab 1739 während des Baus der Hofkirche ⓮ Handwerker, Künstler, Baumeister und Steinmetze an. Da diese wie der Architekt Gaetano Chiaveri überwiegend aus Italien stammten, avancierten ihre Wohn- und Werkstätten im Volksmund schnell zum „Italienischen Dörfchen". Den Italienern gefiel es in Dresden, sie blieben noch lange in der Stadt. Später, während des Baus des ersten Hoftheaters, dem Vorgängerbau der Semperoper ⓳, wurden die mehr als 30 Gebäude abgerissen.

Die heutige Gaststätte stammt aus den Jahren 1910/1911, wurde vom Dresdner Stadtbaurat Hans Erlwein erbaut und schließt den Theaterplatz zur Elbe hin ab. Eine Vorstellung davon, wie es im 18. Jahrhundert auf dem heutigen Theaterplatz ausgesehen haben mag, zeigt ein Besuch des Panometers (55) mit der Ausstellung „Dresden – Mythos der barocken Residenzstadt".

› **Italienisches Dörfchen,** www.italienisches-doerfchen.de, Restaurantbeschreibung und praktische Infos s. S. 97

㉑ Zwinger ★★★ [C6]

Als Gesamtkunstwerk, architektonische Perle oder auch Glanzstück des barocken Dresden wird der Zwinger bezeichnet, der neben der Frauenkirche ❷ und der Semperoper ⓳ sicherlich das bekannteste und berühmteste Dresdner Bauwerk und eines der touristischen Aushängeschilder der Stadt ist. Und tatsächlich konzentriert sich hier vieles von dem, was die Faszination der Elbmetropole ausmacht: Dieses einzigartige, weitläufige Ensemble miteinander verbundener Pavillons, Bogen- und Langgalerien um einen fast quadratischen Hof in den Ausmaßen von 107 mal 116 Meter spiegelt Prunk und Pracht und die Lust an der großen Geste wider. Daneben ist mit Putten, Nymphenfiguren, Blumenornamenten, Faunen, Muscheln und Masken aber auch immer die Liebe zum Detail, das Spielerische und schier Überbordende präsent.

August der Starke (s. S. 36) ließ den Zwinger auf der Dresdner Festungsanlage zwischen dem inneren und äußeren Befestigungsring bauen, also dem Bereich, in dem man einen möglichen Eindringling relativ leicht bezwingen konnte – daher auch der Name. Heute sind im Zwinger vier der 15 Museen der Staatlichen Kunstsammlungen Dresden untergebracht: der **Mathematisch-Physikalische Salon**, die **Porzellansammlung** 23 und im Semperbau, der den Lustgarten Mitte des 19. Jahrhunderts zur Elbe hin abschloss, die berühmte **Gemäldegalerie Alte Meister** und die **Skulpturensammlung bis 1800** 22.

Die Geschichte des Zwingers beginnt im Jahr 1709 mit dem **Besuch des dänischen Königs Friedrich IV.** in Dresden und einer eigenhändigen Grundrissskizze Augusts des Starken für den **Bau einer Orangerie.** Der Kurfürst war stolz auf seine Orangenbäume und diese im Winter in Sicherheit zu wissen, war ihm wichtig. Genauso wichtig war es ihm, dem Besucher aus Dänemark ein repräsentatives Ambiente bieten zu können. So ließ er seinen Hofbaumeister **Matthäus Daniel Pöppelmann** (1662–1736) ein hölzernes Amphitheater errichten. Dieser nicht für die Ewigkeit bestimmte Bau wurde nach dem Besuch des Königs in Stein überführt, die Orangenbäume hatten endlich ihr Winterquartier – und der Zwinger sollte von 1710 bis 1728 in drei Bauphasen Gestalt annehmen.

In einer ersten Bauphase bis 1715/16 konnte Hofbaumeister Pöppelmann zwei doppelgeschossige Pavillons, den Mathematisch-Physikalischen Salon und den Französischen Pavillon, vollenden. In diese Zeit fällt auch die Fertigstellung des **Nymphenbads**, das hinter dem Französischen Pavillon gelegen ist. Diese künstliche, offene Grotte, die sich an den ehemaligen Festungswall schmiegt, trägt die Handschrift des zweiten für den Zwinger bedeutenden Künstlers, des Bildhauers **Balthasar Permoser** (1651–1731). Bis 1718 erweiterte Pöppelmann die beiden Pavillons um die

028dn Abb.: br

Langgalerie mit dem Kronentor und der von polnischen Adlern gesäumten, vergoldeten Königskrone.

Der **Wallpavillon** zwischen Mathematisch-Physikalischem Salon und dem Französischen Pavillon gehört zu den Glanzstücken des Zwingers: Die Architektur des Pavillons verschmilzt förmlich mit den unzähligen Plastiken und Skulpturen, den Putten und Köpfen. Über allem thront **Herkules Saxonicus**, der die Weltkugel auf seinen Schultern trägt und den Machtanspruch Augusts des Starken zu Beginn des 18. Jahrhunderts repräsentiert. Der dem Wallpavillon gegenüberliegende **Glockenspielpavillon** erhielt sein Glockenspiel aus Meissner Porzellan erst 1930.

Das gesamte Zwingerensemble konnte bis zur Hochzeit des Kurprinzen Friedrich August, des Sohns Augusts des Starken, mit der habsburgischen Kaisertochter Maria Josepha im Jahr 1719 nur in Holz errichtet werden. Eigentlich ein Wunder, dass dieses exquisite Provisorium die Belastungen der vier Wochen andauernden Feierlichkeiten überstehen konnte, denn „Feiern" bedeutete, dass die Gäste die Pavillons und Galerien „belagerten" und von oben dem Treiben auf dem Zwingerhof zusahen.

Es dauerte bis 1728, bis die gesamte Zwingeranlage ihre endgültige Form in Stein erhalten hatte. Ab dann nutzten die Wettiner den Zwinger bereits als Aufbewahrungsort für ihre Kunst- und Techniksammlungen.

Das Interesse des Hofes am Zwinger und die finanziellen Ressourcen für den Weiterbau in Richtung Elbe nahmen ab Mitte des 18. Jh. rapide ab. Aus heutiger Sicht ist es kaum mehr vorstellbar, dass dort, wo heute die **Sempergalerie** (22) steht, jahrzehntelang eine hohe Mauer mit einer Pforte den Zwingerkomplex abschloss. Erst Mitte des 19. Jh. sollten der Wille und die finanziellen Mittel wieder vorhanden sein, das Zwingerensemble mit der Gemäldegalerie zu komplettieren. An die Schafe, die nach dem Zweiten Weltkrieg bis in die 1950er-Jahre auf dem Zwingerhof umherliefen, erinnern sich noch heute viele Dresdner.

› Theaterplatz 1, Tramhaltestelle: Theaterplatz, Tel. 49142000, www.skd.museum, geöffnet: Di.–So. 10–18 Uhr, Eintritt (Hausticket Zwinger – alle Ausstellungen im Zwinger inkl. Sonderausstellungen): 12 €, erm. 9 €, Kinder u. Jugendliche unter 17 Jahren frei, Audioguide: 3 €

Mathematisch-Physikalischer Salon

Auch Nicht-Ingenieure haben an den historischen Instrumenten der Dauerausstellung ihre Freude. Die ausgestellten optischen und astronomischen Instrumente und feinmechanischen Geräte glänzen und blinken und beeindrucken oftmals auch durch ihre Größe oder ihren Miniaturcharakter. Beides – Größe und Miniatur – vereint die Weltzeituhr von Andreas Gärtner aus dem Jahr 1695: Die über zwei Meter hohe Uhr präsentiert statt eines Ziffernblatts gleich 365 kleine Ziffernblätter, die jeweils die Uhrzeit eines anderen Ortes dieser Welt anzeigen. Ein Muss sind auch: Der **arabische Himmelsglobus** aus dem 13. Jh., eine der ältesten Rechenmaschinen der Welt aus dem Jahr 1650 von Blaise Pascal und ein Automat aus dem 17. Jahrhundert,

◁ *Ruheoase mit Putten und plätscherndem Wasser – das Nymphenbad im Zwinger*

der „Trommelnde Bär“ – ein **trommelnder Figurenwecker mit Fell.** Der Mathematisch-Physikalische Salon geht auf die Sammelleidenschaft Kurfürst Augusts (1553–1586) zurück. 150 Jahre später richtete sein Nachfahre, August der Starke, im Zwinger für die Exponate ein eigenes Kabinett ein und baute die Sammlung aus. Abgerundet wird die eindrucksvolle Präsentation der Sammlung durch den „Salon im Salon“, einem Lernort, an dem die Besucher mit Repliken selbst experimentieren können.

› Zwinger, Eingang Kronentor, Einzelticket 6 €, erm. 4,50 €

22 Gemäldegalerie Alte Meister (Sempergalerie) und Skulpturensammlung bis 1800 ★★★ [C6]

In dem der Elbe zugewandten Flügel des Zwingers, dem Semperbau, sind die Gemäldegalerie Alte Meister und die Skulpturensammlung bis 1800 beheimatet. Die Gemäldegalerie bietet eine Ausstellung beeindruckender Bilder aus drei Jahrhunderten – einige davon von Weltruf, wie etwa Raffaels Sixtinische Madonna.

Mitte des 19. Jh. wurde die provisorische hohe Mauer, die den Zwinger zur Elbseite abschloss, endgültig abgerissen und **Gottfried Semper** beauftragt, das Gebäudeensemble mit einem Neubau zu vollenden. Den Abschluss der Bauarbeiten an der von ihm geplanten Galerie konnte er bis 1855 genauso wenig wie den der von ihm entworfenen Oper vor Ort begleiten, musste er doch 1849 aus Sachsen fliehen, weil er den Dresdner Maiaufstand 1849 unterstützt hatte. Der gegen ihn gerichtete Haftbefehl wurde erst 1863 aufgehoben.

Mit der Galerie gelang ihm ein behutsamer **Stilmix:** Das Gebäude greift auf der Hofseite des Zwingers die barocke Konzeption Pöppelmanns auf, zum Theaterplatz hin ist es ganz im Palaststil der italienischen Hochrenaissance gestaltet.

Fast noch wichtiger als das Äußere ist in diesem Fall das Innere der Sempergalerie: August der Starke und sein Sohn Friedrich August II. gelang es nach gerade einmal fünf Jahrzehnten fleißigen Sammelns, den Grundstock für die Gemäldegalerie zu legen. Mit den ausgestellten **Bildern europäischer Malerei vom 15. bis 18. Jh.** befindet sich die Gemäldegalerie Alte Meister auf Augenhöhe mit den anderen großen Kunstmuseen der Welt. Zu sehen sind die Werke flämischer, holländischer, italienischer und deutscher Meister der Renaissance, des Barock und des Rokoko: Rubens, Vermeer, Tizian, Botticelli, Tintoretto, Dürer und Cranach, um nur einige der Künstler zu nennen. Auch die Stadtansichten des großen Vedutenmalers **Canaletto** sind in der Gemäldegalerie ausgestellt, vor allem „Dresden vom rechten Elbufer unterhalb der Augustusbrücke“ und der „Zwingerhof“ sind sehenswert.

Und natürlich darf man die **Sixtinische Madonna** nicht vergessen. Als Raffael das Bild 1512/1513 malte, hätte er es sich wahrscheinlich nicht träumen lassen, dass seine Madonna einmal ein Publikumsmagnet sein würde, aber so ganz stimmt das ja auch nicht: Die heimlichen Stars sind die beiden pausbäckigen Engel, die am unteren Bildrand herumlümmeln. Es gibt wohl kaum ein Dresden-Souvenir, das nicht in der einen oder anderen Form den beiden Engeln huldigt.

Die **Skulpturensammlung** zeigt vor allem Kleinbronzen und historische Abgüsse antiker Skulpturen.

› Zwinger, im Semperbau

23 Porzellansammlung ★★ [C7]

Diese Inszenierung seiner großen **Porzellanleidenschaft** hätte **August dem Starken** wohl gefallen: türkise Vasen vor purpurnem Hintergrund, bunt kolorierte Tierfiguren auf vergoldeten Konsolen vor Leder- und Stofftapeten, große Deckelvasen vor der Fensterfront zum Zwingerhof. Der New Yorker Architekt Peter Marino kreierte das barocke und moderne Elemente verbindende Innenraumdesign in diesem Teil des Zwingers – allemal **atemberaubend.**

Als Ausstellungsort seiner 35.000 Einstellstücke umfassenden Sammlung hatte August der Starke eigentlich das Japanische Palais 46 am Neustädter Elbufer vorgesehen. Seit 1962 sind die erhaltenen 20.000 Exponate aber im Zwinger und die schönsten Objekte werden in der Ausstellung präsentiert. Sie zeugen von Augusts Porzellankrankheit, der „maladie de porcelaine", einer wahren **Sammelwut** für das **„weiße Gold".**

Die Sammlung umfasst u.a. eine einzigartige Auswahl an Stücken der in aller Welt berühmten **Porzellan-Manufaktur Meissen.** Dem Alchemisten **Johann Friedrich Böttger** war es 1708 gemeinsam mit dem Wissenschaftler **Ehrenfried Walther von Tschirnhaus** gelungen, das Porzellan auch für Europa wiederzuentdecken. August der Starke hatte sich anfangs aber für eine ganz andere – angebliche – Fertigkeit Böttgers interessiert, nämlich die, Gold herstellen zu können. Er hielt Böttger ab 1702 in Sachsen gefangen, nachdem dieser aus Preußen hatte fliehen müssen, denn bereits in Berlin war er den Beweis seines Könnens schuldig geblieben. August der Starke schien dies unbeeindruckt gelassen zu haben und so befahl er Tschirnhaus, einem seiner klügsten Wissenschaftler, Böttger bei seinen Experimenten zu unterstützen. Das Ergebnis ist bekannt: Nicht die Herstellung von Gold, sondern die des Porzellans wurde entdeckt. Für den „porzellanverrückten" sächsischen König machte dies im Grunde keinen großen Unterschied. Das „weiße Gold" ließ sich ebenfalls zu Gold machen.

Nachdem Böttger und Tschirnhaus zunächst in Dresden experimentieren, wurde Böttger 1705 in die Albrechtsburg nach Meißen verlegt. Fünf Jahre später und um die Entdeckung des europäischen Porzellans reicher, gründete August der Starke vor Ort die „Königlich-Polnische und Kurfürstlich-Sächsische Porzellan-Manufaktur", heute weltbekannt als

074dn Abb.: br

Verewigt im Brühlschen Garten 6: Johann Friedrich Böttger in Meissner Porzellan

Porzellan-Manufaktur Meissen – mit dem markanten Logo der blauen gekreuzten Schwerter. Erst 1714 – nach zwölfjähriger Gefangenschaft – schenkte der sächsische Kurfürst Böttger die Freiheit wieder.

In der Ausstellung finden sich auch chinesisches Porzellan aus der Ming-Periode und japanisches Imari-Porzellan. Bedeutend sind zudem die Arbeiten des Porzellanmodelleurs **Johann Joachim Kändler** (1706–1775), der zusammen mit Johann Friedrich Eberlein 1734 bis 1740 das mehr als 2000 Einzelteile umfassende **Schwanenservice** für den Grafen Brühl schuf. Und einige der berühmten 151 **Dragonervasen** gibt es in der Porzellansammlung auch zu sehen. Sie verdanken ihren Namen einem Tauschgeschäft zwischen August dem Starken und dem Preußenkönig Friedrich Wilhelm I.: Der Preuße war am Ende um 600 sächsische Reiter (Dragoner) reicher, der Sachse um 151 etwa ein Meter hohe ostasiatische Deckelvasen des 17. und 18. Jh.

› Zwinger, Eingang Glockenspielpavillon, Einzelticket 6 €, erm. 4,50 €

24 Schauspielhaus ★ [C7]

Das 1911 bis 1913 gegenüber dem Kronentor des Zwingers 21 errichtete Schauspielhaus wirkt auf den ersten Blick wie ein Einzelbau, der ein wenig zu klobig oder wuchtig geraten ist. Vor rund einhundert Jahren sah das jedoch ganz anders aus, als hohe Wohn- und Geschäftshäuser das Theater an drei Seiten umgaben und sich das Schauspielhaus mit seiner **breiten Sandsteinfront** und dem **Bühnenturm** gut in Szene setzen konnte. Den Dresdner Bürgern war es Anfang des 20. Jahrhunderts wichtig, ein „eigenes" Theater zu besitzen. Traditionell wurde natürlich auch in der Semperoper Theater gespielt, aber für den 1909 gegründeten Dresdner Theaterverein sollte ein Ort geschaffen werden, der nur dem Schauspiel vorbehalten war. Eine Königsloge sucht man anders als in der Semperoper 19 im Schauspielhaus also vergeblich.

Den Dresdner Architekten William Lossow und Max Hans Kühne gelang es, auf dem ungünstig geschnittenen Grundstück einen der damals modernsten Theaterneubauten zu entwerfen – mit **innovativer Bühnen- und Hebetechnik.** Das im neobarocken Stil erbaute Theater versucht geschickt, den Kontrast zum fein ziselierten Zwinger zu kaschieren.

Der Mitte der 1990er Jahre rekonstruierte Zuschauersaal umfasst heute 800 Sitzplätze und seit 2007 erstrahlt das Schauspielhaus wieder in seinem ursprünglichen weißen Putz.

› Theaterstraße 2, Tramhaltestelle: Postplatz, www.staatsschauspiel-dresden.de, Tel. 4913555, Ticketkasse: Mo.–Fr. 10–18.30, Sa. 12–18.30 Uhr. Einmal im Monat (Termine siehe Spielplan) Besichtigung möglich.

Vom Schauspielhaus zur Yenidze 25 führt der Weg über die Ostra-Allee am **Haus der Presse** vorbei, dem **Verlagshaus** der **Sächsischen Zeitung.** Das Gebäude ist ein Beispiel für die DDR-Hochhausarchitektur der 1960er-Jahre. Nach der Elbeflut 2002 musste das Gebäude saniert werden und erhielt die weithin sichtbaren grünen Außenplatten, auf denen verschiedene Schrifttypen abgebildet sind. Die alte, ehemals an der Fassade befestigte Leuchtschrift **„Haus der Presse"** steht in Vitrinen vor dem Verlagsgebäude.

› Tramhaltestelle: Kongresszentrum

25 Yenidze ★★ [B5]

Wer Dresden zum ersten Mal besucht und mit der Stadt vielleicht Elbe, Frauenkirche 2 und Semperoper 19 verbindet, wird ein wenig erstaunt sein, wenn die **farbig verglaste Kuppel** der Yenidze im Westen der Altstadt auftaucht. Die 18 Meter hohe Kuppel und der hohe **Turm** lassen auf eine Moschee schließen. Ein Gotteshaus war die Yenidze jedoch nie und unter der Minarett-Fassade verbirgt sich ein 62 Meter hoher Schornstein. Der Zigarettenhersteller **Hugo Zietz** baute hier ab 1907 bis 1912 eine Produktionsanlage für seine Zigaretten – die **Orientalische Tabak- und Cigarettenfabrik.**

Mit der außergewöhnlichen Architektur schlug Zietz gleich zwei Fliegen mit einer Klappe: Er sorgte für große **Aufmerksamkeit** für sich und seine Produkte und mit der Moschee-Maskierung umging er die **Bauvorschriften**, die ein Fabrikgebäude in der Stadt nicht zugelassen hätten. Benannt ist die Yenidze nach dem Tabakanbaugebiet um die nordgriechische Stadt Genisea, früher „Yenidze". Den Architekten **Martin Hammitzsch** (1878–1945) machte das Gebäude berühmt, später distanzierte er sich von dieser Arbeit und machte im Nationalsozialismus Karriere.

Noch zu DDR-Zeiten war die Yenidze ein Tabakkontor. Seit der Sanierung 1996 sind in dem Gebäude Büros untergebracht. In der Kuppel befindet sich ein **Restaurant**, der Blick von der Terrasse auf die Stadt ist sehr empfehlenswert, ebenso wie das **Märchentheater** mit „Märchenabenden aus 1001 Nacht" unter dem Kuppeldach, das nachts weit sichtbar in den Farben gelb, blau, rot und grün strahlt.

› **Kuppelrestaurant in der Yenidze,** Weißeritzstraße 3, Tramhaltestelle: Kongresszentrum, Tel. 4905990, www.kuppelrestaurant.de, tägl. ab 12 Uhr

› **1001 Märchen & Geschichten,** Tel. 4951001, www.1001maerchen.de

26 Neue Terrasse ★★ [C6]

Hinter der Semperoper erstreckt sich bis zur Marienbrücke die „Neue Terrasse" mit drei markanten Gebäuden: dem Internationalen Congress Center Dresden (ICD), dem Erlweinspeicher und dem Sächsischen Landtag.

Das **Internationale Congress Center Dresden (ICD)**, 2004 eröffnet, schließt die Uferpromenade auf der

029dn Abb.: br

Die Yenidze war früher eine Zigarettenfabrik und ist heute ein Treffpunkt für Märchenfans

Altstädter Elbseite ab. Glas und Stahl dominieren den Bau. Auf der Elbseite zieht sich die lange, gebogene Glasfront mit großem Schwung zum Vordach und der großen Freitreppe hin. Der Blick aus dem mehr als 4000 Menschen Platz bietenden Kongresssaal über die Elbe ist beeindruckend.

Direkt daneben, zwischen ICD und Sächsischem Landtag, befindet sich der **Erlweinspeicher.** Wo einst Tabak und Gewürze lagerten, befinden sich seit 2006 die 328 Zimmer des Maritim Hotels. Der Dresdner Stadtbaurat Hans Erlwein hatte auf dem ehemaligen Packhofgelände 1913/1914 ein imposantes Lagergebäude gebaut, 76 Meter lang und fast 40 Meter hoch. Mit dem sich nach oben teilweise verjüngenden Dach gelang es Erlwein, den Koloss ein wenig schlanker wirken zu lassen.

Transparent und leicht präsentiert sich daneben der **Sächsische Landtag.** Nach der Wiedervereinigung tagte das Parlament des neu gegründeten Freistaats Sachsen noch bis 1994 in der Dreikönigskirche. Der Landtagsneubau des gebürtigen Dresdner Architekten Peter Kulka schließt an das ehemalige Landesfinanzamt von 1928 an, in dem bis zur Wende die SED-Bezirksleitung ihren Sitz hatte. Heute befinden sich dort die Fraktionssäle und die Büros der Abgeordneten.

- › **Maritim Hotel (im Erlweinspeicher) und Internationales Congress Center Dresden,** Ostra-Ufer 2/Devrientstr. 10–12, Tramhaltestelle: Kongresszentrum, Tel. 2160
- › **Sächsischer Landtag,** Bernhard-von-Lindenau-Platz 1, Besucherdienst: Tel. 4935132, Besichtigung Mo.–Fr. 9–16 Uhr, www.landtag.sachsen.de, für den Besuch einer Plenarsitzung bitte den Sitzungskalender im Internet beachten

Zwischen Altmarkt und Hauptbahnhof

Die Gegensätze könnten nicht größer sein. Ein Bummel vom Altmarkt zum Hauptbahnhof bietet eine Fülle an Attraktionen und Dresden pur. Es gibt jahrhundertealte Tradition und postmoderne Architektur, Politik und Kultur, Kleinode und Kommerz: hier der Altmarkt, der älteste Platz der Stadt mit 650-jähriger Geschichte, dort der UFA-Filmpalast an der Prager Straße, eine avantgardistische Konstruktion aus Glas und Beton, hier das Rathaus, dort der Kulturpalast, hier die Kreuzkirche, dort die Einkaufsmeile der Prager Straße. Und der Hauptbahnhof mit Kuppel und Teflondach ist selbst auch ein Highlight.

27 Altmarkt ★ [D7]

In den 650 Jahren seiner Existenz ist auf und um den **ältesten** und bis ins 16. Jahrhundert einzigen **Marktplatz der Stadt** herum viel passiert: Hier wurde die Hochzeit mit einer Kaisertochter gefeiert, eine bürgerliche Revolution blutig niedergeschlagen und die erste Rolltreppe der Stadt in Betrieb genommen. Der Altmarkt war vor allem aber immer eins: ein Marktplatz, der die Menschen der Stadt und der Umgebung wegen seines Markttreibens anzog. Wie das dann aussah, davon kann sich jeder Jahr für Jahr beim weihnachtlichen **Striezelmarkt** (s. S. 114) ein Bild machen.

Die erwähnte Hochzeit war die Vermählung des Kurprinzen Friedrich August II., des Sohnes Augusts des Starken, mit Maria Josepha, der Tochter Kaiser Josephs I., im Jahr 1719. Nicht nur im Zwinger 21 – zu diesem Zeit-

EXTRAINFO

Pflaumentoffel

In der Weihnachtszeit wird er gern als **Glücksbringer** verschenkt: der original Dresdner Pflaumentoffel – fertig zusammengebaut oder als „Bausatz“ in Einzelteilen. Der Pflaumentoffel ist ein Männchen aus einer handvoll zusammengesteckter **Trockenpflaumen** mit Zylinder auf dem bemalten Papierkugelkopf sowie einer Halskrause und einer Leiter aus Glanzpapier. Das kleine Pflaumenmännchen erinnert in seiner Gestalt an einen Schornsteinfeger, angelehnt an die Kinder, die im 17. Jahrhundert in Dresden die Essen fegen mussten.

Die erste urkundliche Erwähnung fand der Pflaumentoffel im Jahr 1801. Im 19. Jh. wurden die selbst gebastelten Männchen oft von Kindern, den „Striezelkindern“, auf den Weihnachtsmärkten verkauft. Heute ist der Pflaumentoffel das Wahrzeichen des **Dresdner Striezelmarktes** (s. S. 114).

Einen Pflaumentoffel kann man natürlich essen, aber viel schöner ist es, ihn in Würde verschrumpeln zu lassen.

punkt noch mehr eine Holzattrappe als ein Sandsteinkunstwerk – wurde ausgiebig gefeiert, sondern auch auf dem Altmarkt. Ein Trauerspiel war dagegen exakt 130 Jahre später an derselben Stelle die Niederschlagung des **Dresdner Maiaufstands** durch preußische und sächsische Truppen, das blutige Ende eines demokratischen Aufbruchs mit mehr als 300 Toten und Verwundeten. Im **Kaufhaus Renner** auf der Südseite des Altmarkts drehte schließlich die erste Rolltreppe der Stadt ihre Runden.

Der Altmarkt wurde im Februar 1945 vollständig zerstört und von 1953 bis 1958 wieder aufgebaut. Die Architekten Herbert Schneider, Alexander Künzer und Johannes Rascher bauten auf der West- und der Ostseite siebenstöckige Wohn- und Geschäftshäuser im Stil des Neohistorismus und schufen im Grunde einen eigenen Stil, eine Art **„Barock-Sozialismus“**. Seit unter dem Platz eine Tiefgarage gebaut wurde, muss der Altmarkt nicht mehr als Parkplatz herhalten. Die Fundamente des Alten Rathauses von 1707 gibt es aber auch nicht mehr.

› Tramhaltestelle: Altmarkt

28 Kreuzkirche ★ [D7]

Die Kreuzkirche (nicht die Frauenkirche 2!) ist die **evangelische Hauptkirche** Dresdens und mit mehr als 3000 Sitzplätzen eines der größten Gotteshäuser in Sachsen. Nach der Reformation wurde 1539 der erste evangelische Gottesdienst in der Kreuzkirche gefeiert. Etwa so alt wie die Stadt selbst, ist die Kreuzkirche in 800 Jahren **fünfmal** durch Kriege oder Brände **zerstört und wieder aufgebaut** worden. Die Zerstörung durch das Artilleriefeuer preußischer Truppen im Siebenjährigen Krieg im Jahr 1760 hat Canaletto in seiner Vedute „Die Ruine der Kreuzkirche, von Osten aus gesehen“ eindrucksvoll und detailreich festgehalten.

Nachdem die Kirche 1897 ausgebrannt und 1900 im Stil des Neobarocks und Jugendstils wieder aufgebaut worden war, brannte sie nach den Bombenangriffen der Alliierten am 13. Februar 1945 erneut aus. Der Wiederaufbau wurde außen wie innen schlicht gehalten – der ehemals provisorische Rauputz im Kirchenschiff hat längst Bestand. Der Akustik kommt das sehr zugute. Das freut die Gottesdienstbesucher vor allen Dingen dann, wenn der berühmte **Kreuzchor,** einer der traditionsreichsten und berühmtesten Knabenchöre Deutschlands, auftritt. Seit dem Mittelalter ist der Chor in der Kirche zu Hause, die Kruzianer genannten Chormitglieder besuchen alle das evangelische Kreuzgymnasium in Dresden. Bei der Vesper am Samstag kann man den Chor erleben (April–Okt. ab 18 Uhr, Nov.–März ab 17 Uhr).

In 54 m Höhe hat man von der **Aussichtsplattform** der Kirche einen wunderbaren Blick auf die Stadt, vorausgesetzt, man nimmt die 256 Stufen in Kauf.

› An der Kreuzkirche 6, Tramhaltestelle: Altmarkt oder Prager Straße, www.kreuzkirche-dresden.de, Mo.–Fr. 10–18, Sa. 10–15, So. 12–18 Uhr, Kirchenführung (nach Ostern bis zum 1. Advent, p. P. 4 €): Di./Do. nach „Orgel Punkt Drei“. Turmaufstieg bis 30 Min. vor Schließzeit, Eintritt: 4 €, erm. 1,50 €, Familien 8 €

EXTRATIPP

Weiße Gasse

Das **Kneipenviertel** in und um die Weiße Gasse [D7], zwischen Wilsdruffer Straße und Kreuzstraße, lockt Touristen und Dresdner gleichermaßen an. Fast 20 Restaurants, Cafés und Bars konzentrieren sich hier um die gerade einmal 100 Meter lange Fußgängerzone: Bürgerliche und internationale Küche? Kein Problem. Wenn es warm genug ist, sind die Tische und Stühle in der Gasse schnell besetzt und im Sommer trifft man sich hier gerne am Gänsediebbrunnen von Robert Diez (1880). Der Brunnen überstand den Zweiten Weltkrieg unzerstört.

› Tramhaltestelle: Altmarkt oder Pirnaischer Platz

29 Kulturpalast ★ [D7]

Der Kulturpalast prägt seit seiner Einweihung als Haus der sozialistischen Kultur im Jahr 1969 das Bild der Dresdner Altstadt. Wolfgang Hänsch und Herbert Löschau entwarfen die Hülle für Dresdens größten Mehrzwecksaal. Neben dem ebenfalls von diesem Architektenduo realisierten Haus der Presse (s. S. 48) ist der Kulturpalast das herausragendste Dresdner Beispiel für die Architektur der **DDR-Nachkriegsmoderne.** Entstanden ist ein funktionaler Bau mit großen Glasfassaden und einem Kupferdach. Nach dem Wiederaufbau der Frauenkirche 2 und den Rekonstruktionen rund um den Neumarkt 1 scheint sich der Kulturpalast noch stärker als zuvor von seiner Umgebung abzuheben. Er ist 103 Meter lang, 72 Meter breit und bis zum Kupferdach – nur – 29 Meter hoch. Ursprünglich war an dieser Stelle ein vielstöckiges Kulturhochhaus geplant.

Der Kulturpalast dient nach umfangreichem Umbau seit April 2017 wieder als Spielstätte der **Dresdner Philharmonie, Sitz der Zentralbibliothek und der Herkuleskeule** (s. S. 104) sowie als Veranstaltungsort der Dresdner Musikfestspiele und des Dixieland Festivals (s. S. 112).

An der Westseite des Gebäudes (Schlossstraße) ist der **„Weg der roten Fahne“** (1969), ein Wandbild von Gerhard Bondzin, sehenswert, und zwar schon allein deshalb, weil es die Botschaft in Szene setzt, die das Gebäude seinerzeit verkünden sollte: den Siegeszug der Arbeiterklasse.

› Schlossstr. 2, Tramhaltestelle: Altmarkt, www.kulturpalast-dresden.de

30 Rathaus ★ [D8]

Das zwischen 1905 und 1910 erbaute Neue Rathaus (Dr.-Külz-Ring, Rathausplatz) ersetzte das Altstädter Rathaus am Altmarkt 27, dessen Ruine 1949 abgerissen wurde.

Allein von seiner schieren Größe und der Höhe seines Turms (der mit dem goldenen Rathausmann auf seiner Spitze 100,3 m misst) konkurriert es mit dem Residenzschloss 12 und dessen Hausmannsturm (100,27 m) und genauso war es gedacht: Das Neue Rathaus drückt den Stolz der Dresdner Bürger über ihren gewachsenen politischen Einfluss gegen Ende des Kaiserreiches aus. Die Oberbürgermeisterin und die Stadtverwaltung haben auch heute hier ihren Sitz.

Im Krieg schwer zerstört und nicht vollständig wieder aufgebaut, beeindruckt das im **neobarocken Stil** erbaute Rathaus mit seinen **fünf Innenhöfen** noch immer durch seine Ausmaße. Auf der Spitze des Turmes steht die mehr als fünf Meter große, vergoldete Figur des **Rathausmannes** von Richard Guhr (1910), die einem vor Kraft strotzenden Herkules gleicht. Am Eingang zum Rathausplatz (St. Petersburger Straße) glänzen – Zeugnisse der Bauzeit von 1905 bis 1910 – die vier goldenen Pforten von Karl Groß und die beiden Löwen von Georg Wrba. Die **„Trümmerfrau"** von Walter Reinhold aus dem Jahr 1952 erinnert an die Wiederaufbauleistung der Frauen nach Ende des Zweiten Weltkrieges. Aufgrund fehlender Brandschutzmaßnahmen besteht leider auf unbestimmte Zeit kein Zugang zur Aussichtsplattform.

› Dr.-Külz-Ring 19, Tramhaltestelle: Pirnaischer Platz

31 Gewandhaus ★ [D7]

Nach der Bombardierung Dresdens durch die preußische Artillerie im Siebenjährigen Krieg (1760) war das 1768 bis 1770 errichtete neue Gewandhaus einer der wichtigsten Neubauten der Stadt. Hier arbeiteten die Fleischer und Gewandschneider. 1925 als Sitz der Stadtbank Dresden umgebaut, im Zweiten Weltkrieg zerstört, ist das Gewandhaus seit dem Wiederaufbau im Jahre 1967 ein Hotel. Ein kleiner Abstecher hierher lohnt sich allein schon wegen des **Dinglinger-Brunnens** auf der Rückseite. Er stammt aus dem zerstörten Stadthaus des berühmten Goldschmieds Augusts des Starken. Der handwerklich geschickte, gebürtige Schwabe Johann Melchior Dinglinger (1664–1731) machte in Dresden Karriere und pflegte als gut bezahlter Künstler und Hofjuwelier einen mondänen Lebensstil mit Stadtwohnung und Landhaus an den Loschwitzer Elbhängen.

› Ringstraße 1, Tramhaltestelle: Pirnaischer Platz, Tel. 49490, www.gewandhaus-hotel.de

32 Prager Straße ★★ [C8]

Die Prager Straße stellt seit dem Jahr 1851 die Verbindung zwischen Altmarkt 27 und Hauptbahnhof 33 her. Sie ist mit 750 Metern **Dresdens längste Fußgängerzone.** Spuren ihrer Geschichte, die vor das Jahr 1945 zurückreichen, gibt es nicht mehr. Was nach den Bombenangriffen der Alliierten hätte gerettet werden können, wurde abgerissen. So bleibt nur die Erinnerung an den ursprünglichen Zustand von Dresdens berühmtester Straße mit ihren Hotels, Banken, Kaffeehäusern, Müllers großem Spielzeugland und dem Residenz-

030dn Abb.: br

kaufhaus, an dessen Stelle jetzt das Warenhaus Karstadt steht.

Mit einem Architekturwettbewerb begann 1963 die Neugestaltung und -bebauung des weitläufigen Areals. Entstanden ist ein herausragendes Beispiel des Städtebaus der **DDR-Nachkriegsmoderne.** War die „alte“ Prager Straße gerade einmal 18 Meter breit, entschied man sich, die „neue“ sehr viel großzügiger anzulegen. Die Fläche füllten hochgeschossige Hotels, eine 240 Meter lange Wohnzeile, das Rundkino und ab 1978 das Centrum Kaufhaus, das aber mittlerweile abgerissen wurde.

Ein Relikt aus DDR-Zeiten: der Pusteblumenbrunnen auf der Prager Straße

An gleicher Stelle steht heute die Centrum-Galerie (s. S. 106). Peter Kulka, der Architekt des Sächsischen Landtags, zitierte beim Bau der Galerie die berühmten **Aluwaben** des Centrum Kaufhauses und kombinierte sie mit großen Glaswänden.

Zum Abschluss kam das sozialistische Vorzeigeprojekt Prager Straße zu DDR-Zeiten nicht mehr. Erinnerungsstücke finden sich aber immer noch, etwa der **Pusteblumenbrunnen** von Leonie Wirth und das **Völkerfreundschaftsdenkmal** von Wolf-Eike Kuntsche. Neue architektonische Akzente lassen auf sich warten. Mit einer Ausnahme: Der von 1993 bis 1998 gebaute **UFA-Kristallpalast**, ein Kino, ist jedoch zweifellos ein dekonstruktivistischer Akzent, ein Stück **Gegen-Architektur** aus Glas und Beton.

› Tramhaltestelle: Prager Straße oder Hauptbahnhof

33 Hauptbahnhof ★★ [C9]

Ein bisschen **Berliner-Reichstag-Feeling** kommt auf, wenn am südlichen Ende der Prager Straße 32 die Kuppel des Hauptbahnhofs auftaucht. Der Baukünstler ist schließlich derselbe: **Sir Norman Foster**. Der britische Stararchitekt wurde nach der Elbeflut 2002 mit der Sanierung des schwer beschädigten Gebäudes betraut. Die Kuppel über der großen Eingangshalle orientiert sich am Original des 1898 eingeweihten Hauptbahnhofs. **Futuristisch** mutet dagegen Fosters 30.000 m² große **teflonbeschichtete Glasfasermembran** an, die sich als Bahnsteighalle über die Gleise wölbt und nachts strahlend hell leuchtet. Nicht umsonst wurde der Hauptbahnhof 2014 vom Verband Allianz pro Schiene zum schönsten Bahnhof Deutschlands gekürt.

Dresden hat sich in wichtige Kapitel deutscher Eisenbahngeschichte eingeschrieben – etwa mit der **ersten deutschen Ferneisenbahn**, die 1839 von Dresden nach Leipzig fuhr. Es folgte die Streckenverbindung nach Prag in Böhmen, daher hieß der Vorgängerbau des Hauptbahnhofs Böhmischer Bahnhof. Er musste 1898 dem von Ernst Giese und Bernhard Paul Weidner im Stil von Neobarock und Neorenaissance entworfenen Hauptbahnhof weichen. Der kombinierte Kopf- und Durchgangsbahnhof war Ausdruck des sächsischen Selbstbewusstseins um die Jahrhundertwende. Der König empfing im Königspavillon (im Nordwesten des Gebäudes) seine Gäste. Und über allen thronte am Haupteingang die „Saxonia“. Dort oben steht sie heute noch und beobachtet, wie der Bahnhof **täglich 60.000 Reisende und Besucher** ein- und ausatmet.

Rund um den Großen Garten

Im grünen Herzen von Dresden geht es herrlich ungezwungen zu. In der einstigen herrschaftlichen Lustgartenanlage gibt es viel Platz und reichlich Gelegenheit für Picknicks, Eisenbahnfahrten, Sonnenanbeten, pures Lustwandeln, Joggen, Theater- und Konzertgenuss oder für sportliche Aktivitäten, denn der Große Garten ist nicht nur die älteste, sondern mit rund 150 Hektar Gesamtfläche auch die größte Parkanlage der Stadt. Ein über 30 Kilometer langes Wegenetz durchzieht den Park auf symmetrischen und gebogenen Pfaden und bildet ein Paradies für Spaziergänger, Radfahrer und Inlineskater. Das 21. Jahrhundert knüpft hier an die glanzvollen kurfürstlichen Zeiten an.

34 Großer Garten und Palais ★★★ [G10]

Der Große Garten, der heute so selbstverständlich von der Stadtbebauung umschlossen ist, lag ursprünglich außerhalb der Stadtmauern Dresdens auf grünen Wiesen. Ende des 17. Jh. plante Kurfürst Johann Georg II. eine imposante Jagd- und Gartenanlage in direkter Residenznähe, die alles Bestehende in den Schatten stellen sollte. Ab 1676 kaufte er hierfür unbebaute Grundstücke zwischen der Pirnaischen Vorstadt und Strehlen auf.

Zunächst setzte man den Entwurf eines Parks mit quadratischer Grundfläche und sternförmigem Wegenetz um. Im Zentrum der Gartenanlage sollte ein **Sommerpalais** entstehen, das nicht als dauerhafte Wohnstätte, sondern ausschließlich als Kulis-

032dn Abb.: br

se für Vergnügungen und **ausgelassene Feste** des sächsischen Hofes gedacht war. Der Bau des Gebäudes begann im Jahr 1678 nach Plänen von Johann Georg Starcke. Nach italienischem Vorbild verzichtete man zunächst auf verglaste Fenster und wärmende Öfen. Den Fenstern wurden aber nachträglich doch Glasscheiben eingesetzt, vermutlich nach der kühlen Einsicht, dass die Nächte in Mitteldeutschland nicht ganz so mild sind wie die in Süditalien. Das **Palais Großer Garten** (auch Palais Prinz Georg genannt) nimmt eine ganz besondere Rolle in Dresden ein. So war es u.a. ein Schauplatz der Hochzeitsfeierlichkeiten von Kurprinz August von Sachsen, aber auch für unzählige weitere prunkvolle Feste, durch die die Finanzen des sächsischen Hofes erheblich belastet wurden. Vor allen Dingen war es aber das **erste barocke Gebäude** der Stadt und damit stellt es sozusagen den Auftakt für die barocke Neu- und Umgestaltung Dresdens dar.

Ab 1683 übernahm Johann Friedrich Karcher, jetzt unter dem neuen Kurfürsten Johann Georg III., die weitere Konzeption des Großen Gartens. Ganz im Stil des französischen Barock gestaltete er die Parkanlage rechtwinklig und mit **symmetrisch** verlaufenden Wegen. Das Palais lag nun, wie auch heute noch, exakt im Schnittpunkt der beiden Mittelachsen der Parkanlage. Karcher legte von ca. 1684 bis 1694 außerdem rund um das Palais acht quadratische Pavillons, die sogenannten **Kavalierhäuser**, an. Knapp 20 Jahre später ergänzte man auf der Südostseite ein großes **Wasserbecken** – bis heute eine Attraktion, wenn sich die Sonne, die Wolken oder die Silhouetten der Jogger, Inlineskater oder Spaziergänger im Wasser spiegeln. Zahlreiche Skulpturen und Schmuckvasen krönten die Grünflächen oder säumten die Flanierwege. Vermutlich um 1719 war die Gartengestaltung schließlich abgeschlossen.

Während des Siebenjährigen Krieges wurde auch der Große Garten durch die Preußischen Truppen erheblich in Mitleidenschaft gezogen.

Barocke Frauenfigur im Großen Garten

Zu Beginn des 19. Jahrhunderts (1814) konnte der Park, nachdem die Kriegsschäden beseitigt waren, erstmals auch für die Öffentlichkeit zugänglich gemacht werden. Einige Teile der Gartenanlage wurden umgestaltet, es entstanden u.a. die **Bürgerwiese** und der **Zoo** 36 (nach Entwürfen von Peter Joseph Lenné). In seiner grundlegenden barocken Struktur blieb der Park jedoch weitgehend erhalten. Im Zeitraum von 1887 bis 1907 fand im Großen Garten und im eigens dafür errichteten Städtischen Ausstellungspalast dreimal die „Internationale Gartenausstellung Dresden" statt.

Während des Bombardements im Februar 1945 wurden der Park und seine Gebäude stark verwüstet oder fast gänzlich zerstört. Auch das Palais erlitt massive Beschädigungen. Die **Rekonstruktion** des Gebäudes nahm Jahrzehnte in Anspruch und ist bis heute noch nicht gänzlich abgeschlossen. Seit 2002 ist das Palais wieder für Besucher geöffnet und im restaurierten Erdgeschoss erhält man einen sehr guten Eindruck, wie prachtvoll das Gebäude einst ausgestaltet war. Das **Skulpturenlapidarium** zeigt bildhauerische Werke des sächsischen Barock, die aus dem Zwinger 21 und anderen Schlossgärten Sachsens geborgen wurden. Neben klassischen Konzerten und Kunstausstellungen findet hier jährlich auch der „Dresdner Frühling im Palais" (www.dresdner-fruehling-im-palais.de) statt, eine Blumen- und Floristikausstellung.

Im Westteil des Großen Gartens findet der Besucher zwischen Hauptallee und Zoo ein bunt schillerndes Kleinod mit der Anmutung von Pfauenfedern: den **Mosaikbrunnen.** Er

Das Palais Großer Garten war das erste barocke Gebäude der Stadt

031dn Abb.: br

wurde 1926 anlässlich der Internationalen Gartenbauausstellung von Hans Poelzig gestaltet.

› **Großer Garten,** Tramhaltestellen: Straßburger Platz, Comeniusplatz, Großer Garten (Hygiene-Museum), Lennéplatz, Querallee und Tiergartenstraße, www.grosser-garten-dresden.de, Parkplätze (gebührenpflichtig): am Georg-Arnhold-Bad, an der Hauptallee oder entlang der Tiergartenstraße bzw. in anderen Seitenstraßen

Empfehlenswertes im Großen Garten

› Eine Ruderpartie auf dem **Carolasee** im Sommer. Bootsverleih (und Biergarten) am westlichen Ufer des Sees, geöffnet (Frühjahr bis Herbst): Mo.–Fr. ab 11, Sa./So. 10–19 Uhr, Boot 6 €/Std. Im Winter trifft man sich, wenn möglich, zum idyllischen Schlittschuhlaufen.

★2 [F9] **Botanischer Garten der TU Dresden,** Stübelallee 2, http://tu-dresden.de/bg, geöffnet: April–Sept. tägl. 8–18, März/Okt. tägl. 10–17, Feb./Nov. tägl. 10–16, Jan./Dez. tägl. 10–15.30 Uhr, Eintritt frei, Spende erbeten. In den drei Schaugewächshäusern und dem großen Freigelände wachsen über 10.000 verschiedene Pflanzenarten aus allen Klimaregionen der Welt.

★3 [F8] **Die Gläserne Manufaktur,** Lennéstraße 1, Tel. 4204411, www.glaesernemanufaktur.de, Mo.–Mi., Fr./Sa. 9–19, Do. 9–21, So. 10–18 Uhr, sofern keine Veranstaltungen stattfinden, geführter Rundgang nach telefonischer Voranmeldung: Eintritt (inkl. Führung): 7 €, erm. 4,50 €. Nach knapp 15 Jahren transparenter Produktionsstätte des „Phaeton“ ist die Gläserne Manufaktur heute „Schaufenster für Elektromobilität“ mit rund 50 interaktiven Ausstellungsstücken und Fahrzeugen.

S4 [F9] **Dresdner Minigolfanlage,** Hauptallee/Lennéstraße (neben der Wachstube), www.minigolf-dresden.de, geöffnet: in der Saison Mo.–Fr. ab 15 Uhr, Sa./So. ab 11 Uhr (wetterbedingte Änderungen je nach Jahreszeit vorbehalten). Ein Match in der Dresdner Minigolfanlage sollte bei einem Parkbesuch nicht fehlen – klassisch auf der Bahn oder auf der Pit-Pat-Anlage (Tisch-Minigolf), jeweils mit 18 Bahnen oder 18 Tischen.

S5 [E9] **Georg-Arnhold-Bad,** Helmut-Schön-Allee 2, Tel. 4942203, http://dresdner-baeder.de, Eintritt Halle: (Tageskarte) 10 €, erm. 5 €. Freibad: 5 €, erm. 3 €. Das Freizeitbad liegt direkt neben dem Rudolf-Harbig-Stadion und ist im Sommer wie im Winter sehr beliebt. Im überdachten Teil des Bades gibt es neben einem großen Erlebnisbereich, Sport- und Planschbecken und Whirlpool auch eine 86 m lange Röhrenrutsche. Über einen kleinen Durchgang schwimmt man hinaus ins Vierjahreszeitenbecken mit integriertem Strömungskanal. Außerdem gibt es im Außenbereich ein solarbeheiztes Schwimmbecken, eine große Liegewiese und allerlei andere Attraktionen. Das Bad besteht

› **Palais,** www.palais-grosser-garten.de, www.offenes-palais.de, nur bei Führungen, Sonderausstellungen oder anderen Veranstaltungen geöffnet, Führungen: April–Okt. Mi. 14.30 Uhr, 4 €, erm. 2 €, Treffpunkt: Palais Eingang Tür B, Stadtseite

Bunt schillerndes Schmuckstück im Park: der Mosaikbrunnen

seit 1926 in Dresden und trägt den Namen seines Hauptfinanziers, des Bankiers Georg Arnhold.

S6 [E9] **Rudolf-Harbig-Stadion,** Lennéstraße 12, www.dynamo-dresden.de. In der legendären Spielstätte von Dynamo Dresden ist das Dresdner Fußballmuseum mit seinen mehr als 10.000 Ausstellungsobjekten rund um den Fußball untergebracht (www.dresdner-fussball-museum.de).

7 [fr] **Junge Garde,** Karcher Allee, www.junge-garde.com. Die Junge Garde ist eine von drei Freilichtbühnen im Großen Garten und bietet rund 4500 Zuschauern Platz. Die Lage im Park und die tolle Akustik machen sie zu einer einzigartigen Open-Air-Konzert-Location in Dresden, die jedes Jahr nationale und internationale Künstler präsentiert.

› Für den hungrigen und durstigen Parkbesucher gibt es eine ganze Handvoll **Einkehrmöglichkeiten** im Großen Garten: In den beiden Torhäusern befinden sich die **Wachstube** und die **Torwirtschaft Großer Garten** (s. S. 101), am Carolasee das **Carolaschlösschen** und der **Bootsverleih & Biergarten** sowie das **Sommercafé am Palaisteich** (April–Okt. bei schönem Wetter tägl. ab 11 Uhr).

35 Dresdner Parkeisenbahn ★★ [F10]

Ein lauter, langgezogener Pfiff ertönt, dicke graue Rauchschwaden zwirbeln durch das Laub der Bäume im Großen Garten 34 und der ahnungslose Besucher wird von einer putzig anmutenden **Liliput-Eisenbahn** überrascht, die sich durch den Park schlängelt. Es ist die Dresdner Parkeisenbahn, die wohl schon bei so manchem Eisenbahnfan Begehrlichkeiten geweckt hat. Doch selbst eine Spurweite von nur 381 Millimeter (15 Zoll) dürfte für den eigenen Garten ein wenig zu groß sein. Auf einer Strecke von fast sechs Kilometern verkehrt sie in der größten Parkanlage Dresdens und ist enorm beliebt.

Die Tradition einer Eisenbahn im Großen Garten reicht bis in die 1930er-Jahre zurück. Zu dieser Zeit fuhren die kleinen Bahnen anlässlich von Hygiene- und Gartenbauausstellungen auf dem Parkgelände. Nach dem Ende des Zweiten Weltkrieges war der erste **Internationale Kindertag in der DDR** im Jahr 1950 Anlass, in der kriegszerstörten Stadt wieder eine Kindereisenbahn aufzubauen. Ab 1951 nannte man die Parkbahn regimekonform „Pioniereisenbahn" und so hieß sie bis 1990, als sie ihren bis heute gültigen Namen, Dresdner Parkeisenbahn, erhielt.

Nicht nur durch ihre besonderen Ausmaße zeichnet sich die Parkeisenbahn aus, sondern auch dadurch, dass **Kinder und Jugendliche** ehrenamtlich einen Großteil der Aufgaben übernehmen und z. B. als Kartenverkäufer, Zugbegleiter oder Schrankenwärter arbeiten. Lediglich die Ämter des Bahnhofsleiters und der Zugführer werden von Erwachsenen ausgeübt.

Die Parkeisenbahn fährt hauptsächlich westlich der Hauptallee durch den Park und hält an fünf Stationen. Zusteigen kann man, wo man möchte, Tickets gibt es für einzelne Stationen oder für die gesamte **Rundfahrt** zu kaufen, die ca. eine halbe Stunde dauert. Mit gemütlichen 20 km/h zuckelt man durch den Park und sitzt dabei je nach Wetterlage in einem der offenen oder überdachten Personenwagen, die von einer Elektrolok oder einer Dampflokomotive gezogen werden.

› Tramhaltestellen: Straßburger Platz „VW Manufaktur“, Großer Garten, Querallee, www.parkeisenbahn-dresden.de, Saison: April–Okt., Fahrzeiten: Di.–So. u. Feiertag 10–18 Uhr (Juli–Aug. auch Mo. 10–18 Uhr) alle 15 bzw. 30 Min., Fahrpreise: Rundfahrt 6 €, erm. 3 €, Familienkarte (2 Erwachsene und max. 4 Kinder) 15 €, (1 Erwachsener und max. 2 Kinder) 9 €, Kinder unter 2 Jahren und Geburtstagskinder fahren kostenlos mit

36 Zoo Dresden ★ [F10]

Der Zoo Dresden nimmt den südwestlichen Teil des Großen Gartens 34 ein. Auf dem ca. 13 ha großen Areal können sich die Besucher ganzjährig auf eine Weltreise durch die ebenso vielfältige wie faszinierende Tierwelt begeben. Es gibt **mehr als 1700 Tiere aus 265 Arten** zu bestaunen, darunter viele große und kleine Säugetiere wie Löwen, Elefanten, Giraffen, Koalas und Erdmännchen.

Der Zoo Dresden ist der viertälteste Zoo Deutschlands und öffnete seine Tore erstmals 1861. Entstanden ist er aus einem „Verein für Geflügelzucht“ Mitte des 19. Jahrhunderts, als es in Deutschlands Großstädten in Mode kam, einen Zoo zu haben. Der sächsische **König Johann** unterstützte das Zooprojekt damals entscheidend, denn er stellte einen Teil des Königlichen Großen Gartens zur Verfügung. Große Anerkennung erlangte der Zoo durch seine Erfolge in der **Orang-Utan-Zucht.** In den letzten Jahren wurden viele der Anlagen modernisiert, um den Tieren mehr und vor allem einen natürlich nachempfundenen Lebensraum zu schaffen. Besonders empfehlenswert sind die begehbare **Tundravoliere**, das 2018 neu eröffnete **Afrikahaus** und das **Prof.-Brandes-Haus**, eine als Tropenhaus gestaltete Anlage mit vielen Affenarten und frei über den Köpfen der Besucher hinwegkletternden Faultieren.

› Tiergartenstraße 1, Tramhaltestelle: Zoo, Tel. 478060, www.zoo-dresden.de, geöffnet: Sommer tägl. 8.30–18.30 Uhr, Frühling u. Herbst tägl. 8.30–17.30 Uhr, Winter tägl. 8.30–16.30 Uhr, Eintritt: 12 €, erm. 8 €, Kinder 3–16 Jahre 4 €, Familienkarte (2 Erw. und 4 Kinder) 30 €, Mo. (außer an Feiertagen) Erw. nur 8 €, Kassenschluss: 45 Min. vor Schließung

37 Deutsches Hygiene-Museum ★★★ [E8]

Für damalige Verhältnisse war dieses Exponat geradezu revolutionär: „Der Gläserne Mensch“. Bei der Zweiten Internationalen Hygiene-Ausstellung im Jahr 1930 in Dresden war das transparent gestaltete Abbild eines (weiblichen) menschlichen Körpers die Hauptattraktion, konnte man doch zum ersten Mal dem Menschen förmlich „unter die Haut schauen“.

Während die zweite Ausstellung im neu entstandenen Museumsbau nordwestlich des Großen Gartens 34 besucht werden konnte, fand die Erste Internationale Hygiene-Ausstellung im Jahr 1911 noch auf dem Ausstellungsgelände am Straßburger Platz statt. Diese erste Hygiene-Ausstellung in Dresden war damals ein Meilenstein

in der gesundheitlichen Aufklärung der Bevölkerung gewesen. Über fünf Millionen Besucher aus allen Schichten der Gesellschaft informierten sich in der hochmodernen und sehr anschaulichen Ausstellung über die Anatomie des menschlichen Körpers, Gesundheitsvorsorge und Ernährung.

Organisiert und gefördert wurde die Ausstellung durch den in Gesundheitsfragen sehr engagierten Dresdner Fabrikanten und **„Odol-König" Karl August Lingner.** Aus dem Konzept der Ausstellung ging schließlich der Bau des Deutschen Hygiene-Museums hervor: ein modernes und funktionales Gebäude mit **monumentalen** äußeren Zügen und klar vernehmbaren Anklängen des Bauhausstils in seinem Inneren.

„Der Gläserne Mensch" ist übrigens heute noch Publikumsmagnet und Hauptbestandteil in einem der sieben Themenräume der **Dauerausstellung „Abenteuer Mensch".** Weitere Themenräume auf insgesamt 2500 m² Ausstellungsfläche rund um das menschliche Leben sind „Leben und Sterben", „Essen und Trinken", „Sexualität", „Erinnern – Denken – Lernen", „Bewegung" und „Schönheit, Haut und Haar". Neben der Dauerausstellung gibt es abwechslungsreiche Sonderausstellungen.

Eine Besonderheit des Deutschen Hygiene-Museums ist, dass es ein eigenes **Kinder-Museum** integriert hat, in dem junge Besucher von vier bis zwölf Jahren die eigenen fünf Sinne erleben und erkunden können. Auf ca. 500 Quadratmetern kann hier interaktiv mit Sehen, Hören, Fühlen, Riechen und Schmecken experimentiert werden.

Vor dem Museum steht die ca. 4 m hohe **Kupferplastik „Ballwerfer"** (1907) von Richard Daniel Fabricius. Der Bildhauer hatte für den muskulösen Körper ein reales Motiv, den sächsischen Schwergewichtsmeister und Modellathleten **Ewald Redam.**

› Lingnerplatz 1, Tramhaltestelle: Deutsches Hygiene-Museum, Tel. 4846400, www.dhmd.de, Öffnungszeiten: Di.–So., Feiertag: 10–18 Uhr (letzter Einlass 17.30 Uhr), Mo. geschl. (außer an Feiertagen!), 1. Jan., 24./25. Dez. geschl., Eintritt (für zwei Tage gültig): 9 €, erm. 4 €, bis 16 Jahre frei, Fr. ab 15 Uhr Eintritt die Hälfte, Familienkarte (2 Erw. und mindestens 1 Kind) 14 €

Ein Besuch im Deutschen Hygiene-Museum ist ein Erlebnis für alle Sinne

Die Innere Neustadt

Über die Augustusbrücke gelangt man in wenigen Minuten von der Altstadt auf die Neustädter Seite von Dresden. Nach dem Füllhorn an Prachtbauten in der Altstadt gibt es hier deutlich mehr Raum und auch der Touristenstrom wirkt ein wenig entzerrt.

Die Neustädter Seite braucht den Vergleich mit der Altstadt dennoch nicht zu scheuen. Mit der Hauptstraße und der Königstraße, dem Goldenen Reiter, dem Japanischen Palais, dem Jägerhof und der Dreikönigskirche hat sie ihre ganz eigenen herausragenden Sehenswürdigkeiten. Die bemerkenswerten Fassaden des Blockhauses, des Finanzministeriums und der Staatskanzlei tragen ihren Teil dazu bei. Grüne Erholungsoasen finden sich u.a. auf den Elbwiesen und im Rosengarten.

Der Name „Neustadt" ist ein klein wenig irreführend, denn historisch betrachtet ist die Neustadt nicht wirklich neuer als die Altstadt. Dresden wuchs aus zwei zunächst eigenständigen Städten zusammen – Dresden auf der linken und **Altendresden** auf der rechten Elbseite. An einem Augusttag im Jahr 1685 wütete eine Feuersbrunst im Stadtviertel auf der rechten Elbseite und zerstörte fast das gesamte Altendresden. Über 300 Häuser fielen den Flammen zum Opfer. August I., der Kurfürst von Sachsen (und König August II. von Polen), setzte sich stark für den Wiederaufbau von Altendresden ein und es entstand die barocke **Neue Königsstadt**, so der offizielle Name des Viertels ab 1732. Über die Jahre wurde die Neustadt aus ihr.

Nach erheblichen und teilweise irreparablen Kriegsschäden wird durch engagierte Rekonstruktionsarbeiten die frühere barocke Schönheit der Neuen Königsstadt in Teilen wieder sichtbar gemacht. Dies bezeugen die bunten und reich geschmückten **barocken Fassaden** in der Haupt- und der Königstraße.

38 Augustusbrücke ★★ [D6]

Die Augustusbrücke verbindet den Neustädter Markt auf der rechten mit dem Schlossplatz auf der linken Elbseite. Viele Jahrhunderte lang war diese 1275 zum ersten Mal erwähnte Elbbrücke die einzige Flussquerung in Dresden.

Für die aufstrebende Stadt war die Brücke enorm wichtig: Reisende, Handwerker und Kaufleute waren auf diese Verbindung angewiesen und der Brückenzoll, den jeder Einzelne entrichten musste, füllte den Stadtsäckel. Die Stadt wuchs und August der Starke (s. S. 36) wünschte sich 1728 einen Ausbau der Brücke, damit sie den erhöhten Anforderungen gewachsen bleiben und eine repräsentative Einlasspforte in seine kurfürstliche Residenz darstellen konnte. Der berühmte Baumeister des Zwingers 21, Oberlandbaumeister **Matthäus Daniel Pöppelmann**, wurde mit der Ausführung beauftragt. Er reduzierte die Zahl der Brückenbögen, um mehr Platz für die Schiffe zu schaffen, und ließ die kleinen, hervorstehenden Nischen mit den Steinbänken errichten, die es heute noch gibt.

Anfang des 20. Jh. musste Pöppelmanns Umbau einem Neubau weichen, weil die verkehrstechnischen Anforderungen an die Brücke erneut

Dem Hofnarren wurde an der Elbe ein Denkmal gesetzt

„Alles Scheiße, deine Elli" – das Hofnarr-Fröhlich-Denkmal

Am Kopf der Augustusbrücke auf Neustädter Seite (auf die Elbe blickend linker Hand vor dem Sommerlokal Augustus Garten) findet man eine Bronzeplastik des ***Hofnarren Fröhlich*** *(1694–1757). Sie zeigt ihn mit für ihn typischen närrischen Attributen – u. a. Schwein, Eule und Pavian. Und als selbsternannter Bürgermeister von Narrendorf trägt er ein großes,* ***rundes Medaillon.***

Der gelernte Müller, Taschenspieler und Künstler ist, neben dem Kurfürsten selbst, eine der bekanntesten Persönlichkeiten des Augusteischen Zeitalters. Im Jahre 1727 wurde ***Joseph Fröhlich*** *in Dresden zum hauseigenen* ***Possenreißer*** *im Gefolge Augusts des Starken. Der Kurfürst schien ein Faible für seine derben Späße zu haben und Hofnarr Fröhlich genoss eine großzügige sprichwörtliche* ***Narrenfreiheit.*** *Er übte ganz offen Kritik am sächsischen Hof und dessen Verschwendungssucht und erlangte damit eine große Bekannt- und Beliebtheit. Auch unter dem Sohn Augusts des Starken blieb er noch am sächsischen Hofe, wurde in seinen Freiheiten jedoch eingeschränkt – vielleicht nicht zuletzt, weil er den überaus einflussreichen sächsischen Premierminister Heinrich Graf von Brühl zu gern auf die Schippe nahm.*

1755 baute er sich an der Augustusbrücke ein eigenes Palais – von ihm scherzhaft „Kleinmoritzburg" getauft, im Volksmund „Narrenhäusel" genannt. Zwei Jahre nach dem Bau starb Joseph Fröhlich. Sein Haus, u. a. als beliebte Gaststätte genutzt, wurde während des Bombenangriffs auf Dresden 1945 komplett zerstört. Später setzte man ihm an der Stelle, an der sein Haus einst stand, ein Denkmal – als Erinnerung an den wohl bekanntesten sächsischen Hofnarren.

Nur wenigen ist diese subtil-politische Anekdote zum Denkmal bekannt: Als die von ***Heinrich Apel*** *geschaffene* ***Bronzeplastik*** *1978 aufgestellt wurde, konnten die Dresdnerinnen und Dresdner zu ihrer heimlichen Freude auf dem Medaillon des Hofnarren in Spiegelschrift lesen:* ***„Alles Scheiße, deine Elli"*** *– eine scherzhaft-resignierende, umgangssprachliche Redensart zur Alltagssituation in der ehemaligen DDR. Diese vom Künstler initiierte „Narretei" hatte leider nur wenige Tage Bestand. Die Behörden der Stadt bezogen den vorgehaltenen Spiegel wohl zu Recht auf sich selbst und ließen den Spruch sofort* ***entfernen.*** *Wer aber genau hinschaut, der erkennt heute noch die Retuschen auf der Oberfläche des Medaillons.*

035dn Abb.: br

gestiegen waren. Dem Architekten Wilhelm Kreis gelang es zwischen 1907 bis 1910, die barocke Anmutung Pöppelmanns beizubehalten und eine für damalige Verhältnisse technisch hochmoderne Brücke zu bauen – eine der ersten Betonbrücken überhaupt, die er mit Sandstein verkleiden ließ. Die neue, alte Brücke ließ mit jetzt nur noch **neun Brückenbögen** noch mehr Platz für den Schiffsverkehr.

Die Augustusbrücke ist rund 300 m lang und 18 m breit und sie ist vor allem für die Straßenbahnen von großer Bedeutung. Für den Autoverkehr sind die anderen Dresdner Brücken inzwischen wichtiger geworden.

An das Elbehochwasser im Jahr 2002 erinnert seit 2006 die Metallplastik „Die Woge" (s. S. 94) des Dresdner Künstlers Tobias Stängel. Bitte nicht wundern, verliebte Paare nutzen das Denkmal gerne, um sogenannte Liebesschlösser zu befestigen – als Zeichen ihrer untrennbaren Liebe.

Derzeit wird die Brücke saniert, die Arbeiten sollen 2019 abgeschlossen sein.

› Tramhaltestelle: Theaterplatz oder Neustädter Markt

EXTRATIPP

Sarrasanibrunnen

An einem Häuserknick an der Sarrasanistraße (an der Tramhaltestelle Carolaplatz) ist ein wunderschönes Kleinod „versteckt", der **Sarrasanibrunnen.** An der Stelle, an der bis 1945 das Gebäude des Zirkus Sarrasani stand, tanzt heute zu Ehren des Zirkus eine Elefantengruppe auf dem Brunnenrand und sprüht eine Wasserfontäne in den umgestülpten Regenschirm eines Clowns.

★8 [E5] **Sarrasanibrunnen**

39 Das Königsufer ★ [D6]

Im weitesten Sinne zählt der gesamte rechtselbische Bereich zwischen Marien- [C5] und Albertbrücke [F6] zum Königsufer. Offiziell benannt ist so nur das Areal zu beiden Seiten der Albertbrücke. Das Königsufer ist das offene und grüne Gegenstück zur komplett bebauten linken Uferseite. Es natürlich zu belassen, hatte nicht nur ästhetische Gründe. Die Hochwassergefahr hatte man frühzeitig im Blick und so ließ man der Elbe eine der Uferseiten, die sie übertreten konnte, um so die Stadt zu schützen.

Markant sind die beiden Ministeriengebäude – das **Finanz- und Kultusministerium** (zwischen Augustusbrücke 38 und Carolabrücke [E6]) mit seinem großen bunten Giebeldreieck und die **Staatskanzlei** (zwischen Carolabrücke und Albertbrücke) mit der goldenen Königskrone auf der Turmspitze. Beide Gebäude entstanden in den letzten Jahren des sächsischen Königreiches (Ende 19. Jh./Anfang 20. Jh.). Die Staatskanzlei ist heute u. a. Sitz des sächsischen Ministerpräsidenten.

Unterhalb des Finanz- und Kultusministeriums gibt es zur Elbe hin eine kleine Freilichtbühne, die u. a. Veranstaltungsort der in den Sommermonaten stattfindenden **Filmnächte am Elbufer** (s. S. 112) ist. An der Staatskanzlei vorbei, durch den Staudengarten mit der anmutigen Statue des **Bogenschützen** und unter der Albertbrücke hindurch, kommt man zum Rosengarten [F5]. Die kleine Oase mit Café ist bei freiem Eintritt ganzjährig geöffnet.

› Tramhaltestelle: Neustädter Markt, Carolaplatz oder Rosa-Luxemburg-Platz

40 Jägerhof – Museum für Sächsische Volkskunst mit Puppentheatersammlung ★ [D5]

Das helle burgartige Gebäude mit den drei schwungvoll abgerundeten Türmen passt auf den ersten Blick irgendwie so gar nicht an den Platz, auf dem es steht, und sein Name trägt nicht gerade dazu bei, die **Irritation** aufzulösen. Der Jägerhof steht inmitten urbaner Bebauung.

Ende des 16. Jahrhunderts sah es hier freilich noch ganz anders aus – Grün umgab die Stadtmauern von Dresden, und um die **Jagdleidenschaft** in der nahen Dresdner Heide auskosten zu können, wurde 1568 auf dem Gelände eines ehemaligen Klosters der Jägerhof gegründet. Er bot Platz für alles, was man zur Jagd so brauchte – Hunde, Waffen und allerlei Ausrüstungsgegenstände.

Mit der Zeit änderten sich die Gepflogenheiten der kurfürstlichen Herrschaften und der Jägerhof verlor an Bedeutung, wurde kurzfristig als Kaserne (Mitte 19. Jh.) genutzt, umgebaut und stand schließlich kurz vor einem kompletten Abriss. Heimatbewusste Dresdner gründeten den Verein für sächsische Volkskunde und retteten das Gebäude, in dem 1913 das **Museum für Sächsische Volkskunst** entstand.

2010 wurde der Jägerhof komplett saniert und erhielt ein neues Ausstellungskonzept. Für Erwachsene und Kinder eröffnet sich in den 400 Jahre alten Gemäuern eine wunderbare Welt mit erzgebirgischen Schnitzereien, zauberhaftem Spielzeug, kunstvollen Webarbeiten, Trachten und vielem mehr. Obendrein gibt es noch eine der größten und bedeutendsten **Puppentheatersammlungen** der Welt zu bestaunen. Zu Ostern und Weihnachten veranstaltet der Jägerhof regelmäßig Sonderausstellungen.

› **Museum für Sächsische Volkskunst mit Puppentheatersammlung,** Köpckestraße 1, Tramhaltestelle: Carolaplatz, Tel. 49142000, www.skd.museum, Öffnungszeiten: Di.–So. 10–18 Uhr, Mo. geschl., Eintritt: 5 €, erm. 4 €, Kinder u. Jugendliche unter 17 Jahre frei

41 Goldener Reiter ★★★ [D5]

Schon von Weitem sieht man ihn im Sonnenlicht funkeln, den Goldenen Reiter. Das **Reiterstandbild Augusts des Starken** in Cäsaren-Pose mit sich aufbäumendem Hengst steht im Zentrum des Neustädter Marktes am südlichen Anfang der Hauptstraße 42.

Warum schaut er denn nicht auf seine schöne Stadt, sondern kehrt ihr den Rücken zu? Das wird sich sicher schon der ein oder andere Besucher gefragt haben, als er vor dem Reiterstandbild stand. Die Antwort auf diese Frage ist auf der Inschrift am Sockel zu lesen: Der **Kurfürst von Sachsen** (August I.) war seit 1697 auch **König August II. von Polen.** Im Gedenken an seine Königswürde ist sein goldenes Konterfei **in Richtung Nordosten** gewandt – hin zum Königreich.

Hinter der Blattgold-Außenschicht verbirgt sich eine kupferne Hülle auf einem stabilen Eisengerüst. Die Zeit des Zweiten Weltkriegs überstand die Statue unversehrt in Pillnitz in einem Felsenkeller. Seit es 2011 vandalistische Übergriffe auf das Reiterstandbild gab – man brach seine Schwertscheide und einem Löwenkopf des Sockels die sandsteinernen Zähne ab –, wird er sehr sorgsam überwacht und es gibt Überlegungen, das Reiterstandbild komplett einzuzäunen.

› Tramhaltestelle: Neustädter Markt

42 Hauptstraße ★★ [D5]

Am Neustädter Markt beginnt die Hauptstraße. Der knapp 500 Meter lange **Boulevard** ist gänzlich **Fußgängern vorbehalten** und durch Grünanlagen in drei Flanierwege geteilt, die von großen, Schatten spendenden Platanen gesäumt werden. Zwischendrin finden sich barocke Skulpturen, Brunnen und Parkbänke, die zum gemütlichen Verweilen einladen.

Die Hauptstraße entstand ab 1727 und wurde wegen der besseren perspektivischen Wirkung am Neustädter Markt deutlich breiter angelegt als am heutigen Albertplatz 44. Bis ins 18. Jahrhundert war sie die prächtigste Promenade der Stadt, dann lief ihr die Brühlsche Terrasse 6 diesen Rang ab.

Kriegszerstört musste sie zu DDR-Zeiten als „Straße der Befreiung" leider städtebauliche Sünden über sich ergehen lassen. Einige der barocken Bürgerhäuser konnten jedoch wieder restauriert werden, besonders schön sind z. B. die Fassaden des **Kügelgenhauses** (s. S. 91) und des **Societaetstheaters** (s. S. 105). Ersteres ist das ehemalige Wohnhaus des Malers Gerhard von Kügelgen und beherbergt das Museum der Dresdner Romantik mit Werken des Künstlers. Das Programm im Societaetstheater ist sehr abwechslungsreich – von Sprech- über Musik- bis hin zu Figurentheater mit dem Fokus auf Gegenwartsthemen.

036dn Abb.: br

Die Hauptstraße ist ein Teil des **Barockviertels** (s. S. 106), das u. a. auch die benachbarte Königstraße 45 mit einschließt. In der Hauptstraße gibt es neben einer Vielzahl an Restaurants und Cafés auch zahlreiche Einkaufsmöglichkeiten. Eine besondere Adresse befindet sich in einer Seitenstraße der Hauptstraße – die **Neustädter Markthalle** (s. S. 108). Fertiggestellt 1899 war sie der ganze Stolz der wachsenden Stadt und ihrer Bürger, hatte man doch jetzt ein eindrucksvolles und

EXTRAINFO

Blockhaus

Das **Blockhaus** markiert den südlichen Anfangspunkt der Hauptstraße. Es entstand 1732 am Brückenkopf der Augustusbrücke und blieb bis 1749 unvollendet. Seinen Namen verdankt das Gebäude seiner blockartigen Form und seiner Funktion als Zoll- und Kontrollstation. Sechs Jahre später, nach weiteren Arbeiten am Gebäude, wurde hier die Neustädter Wache untergebracht.

Nachdem das Blockhaus im Laufe der Jahre überwiegend militärisch genutzt wurde, ist es heute Eigentum des Freistaates Sachsen und u. a. Sitz der Sächsischen Akademie der Künste.

★9 [D6] **Blockhaus,** Neustädter Markt 19

vor allem wetterfestes Gebäude, um an 213 Verkaufsständen den Markt abzuhalten. Der 1945 teilweise zerstörte **Gründerzeitbau** war ab 1967 Eigentum der Konsumgenossenschaft und eine ganz normale DDR-Kaufhalle. Nach der Wende wurde die Markthalle umfassend saniert und seit 2000 ist sie wieder Ort bunten Markttreibens. Mit ihrem großen, luftigen und lichtdurchfluteten Innenraum und den kunstvollen, schmiedeeisernen Treppen ist die Neustädter Markthalle ein echtes Kleinod und wunderschönes Gegenstück zum x-beliebigen, rein funktional eingerichteten Supermarkt. Ein kleiner Abstecher hierher lohnt sich.

Die Hauptstraße ist das ganze Jahr über immer wieder Schauplatz für verschiedene **Festivitäten:** Hier wird z. B. der **Neustädter Frühling** (www.goldener-reiter.com) gefeiert oder es findet der **Dresdner Töpfermarkt** (www.toepfermarkt-dresden.de) statt und im Dezember ist die Hauptstraße schließlich Bühne für einen eigenen **Weihnachtsmarkt** mit kleinen bunten Verkaufsständen und großem Riesenrad.

› Tramhaltestelle: Neustädter Markt, Albertplatz oder Carolaplatz, www.hauptsache-hauptstrasse.de und www.barockviertel.de

037dn Abb.: br

⌃ *Die Dreikönigskirche entging nur knapp den Abrissplänen des DDR-Regimes*

‹ *Barocker Fassadenschmuck am Societaetstheater (s. S. 105)*

43 Dreikönigskirche ★ [D5]

Die evangelische Dreikönigskirche mit dem schlanken, **geschwärzten Sandsteinturm** und dem freundlich, hellen Unterbau, die nach den Heiligen Drei Königen benannt ist, befindet sich direkt an der Hauptstraße 42. Ihre Geschichte reicht bis ins Mittelalter zurück und ist nicht minder turbulent wie die der anderen namhaften Kirchen Dresdens. Beim großen Brand auf der rechten Elbseite im Jahr 1685 wurde sie wie viele andere Gebäude komplett zerstört. Schnell errichtete man ein neues Kirchenhaus, das schon 1688 fertiggestellt werden konnte. Allerdings passte der neue Kirchenbau nicht in das neue **barocke Bebauungskonzept**, das August der Starke sich für das Areal des zerstörten Altendresden wünschte. Die Kirche stand schließlich mitten auf der neuen Prachtallee, der Hauptstraße.

Nach einigem Hin und Her wurde die Kirche 1731 wieder abgerissen und August der Starke versprach, die Kosten für den Neubau zu übernehmen. Ein Jahr später legte man den Grundstein für die neue Dreikönigskirche. Sie wurde zunächst noch nach den Entwürfen von Pöppelmann, später nach den überarbeiteten Plänen von George Bähr errichtet und 1739 feierlich eingeweiht. Die Dreikönigskirche war nun bestmöglich in die barocke Neue Königsstadt eingegliedert. Aufgrund der besonderen Konzeption des Areals lag ihre Eingangsseite nun im Osten zur Hauptstraße hin und ihr **Altar im Westen.**

Der **Turm** an der Westseite der Kirche konnte zunächst wegen Geldmangels nicht fertiggestellt werden. Er wurde erst in der Mitte des 19. Jh. zu seiner jetzigen Größe von 87 m ausgebaut. Die Aussichtsplattform in 45 Metern Höhe erreicht man nach einem Aufstieg über 240 Stufen. Bis 1887 war die Dreikönigskirche im Übrigen die einzige evangelische Pfarrkirche in der Dresdner Neustadt. Erst ab dann entstanden durch den Bau der Martin-Luther-Kirche und weiterer Kirchen neue evangelische Gemeinden.

Der **Zweite Weltkrieg** hinterließ von der Dreikönigskirche nur eine Ruine, lediglich der Turm hatte den Bombenhagel halbwegs unversehrt überstanden und seine Turmkapelle war nun für Jahre der Ort, an dem die Gottesdienste stattfanden. Nachdem die DDR-Führung die Dreikönigskirche schon hatte abreißen lassen wollen, wurde 1977 doch die Genehmigung für den Wiederaufbau erteilt. Die barocke Außenfassade blieb erhalten, der Innenraum aber wurde komplett neu und modern gestaltet und es wurden mehrere Veranstaltungsräume integriert. Dadurch verkleinerte sich der Kirchenraum, in dem die Gottesdienste stattfinden, von einst 3000 auf 460 Sitzplätze. Heute versteht sich die Dreikönigskirche als **Haus der Bildung und der Begegnung** mit einem breiten Veranstaltungsangebot von Konzerten bis hin zu Ausstellungen und Seminaren.

› **Dreikönigskirche – Haus der Kirche,** Hauptstraße 23, Tramhaltestelle: Albertplatz, Tel. 8124101, www.hdk-dkk.de, Konzertkartenbestellung: Tel. 8124102, Öffnungszeiten für Turmbesteigung (Eingang D): März–Okt: Mi.–Sa. 11–17, So./Feiertage: 11.30–17 Uhr, 1./3. Di. im Monat: 11.30–16, Mo. geschl. Nov.–Feb: Mi. 12–16, Do.–Sa. 10–16, So./Feiertage: 11.30–16.30 Uhr, Mo./Di. geschl. Letzter Einlass 30 Min. vor Schließzeit, Eintritt: 3 €, erm. 2 €, Kinder bis 10 Jahre frei

EXTRAINFO

Schillerdenkmal

Der große Dichter und Dramatiker **Friedrich Schiller** wohnte auch eine Zeit lang (1785 bis 1787) in Dresden und schrieb hier nichts Geringeres als seine „Ode an die Freude" (Textgrundlage der Europahymne) und vollendete sein Drama „Don Carlos". Ihm wurde auf der rechten Seite der Hauptstraße (zwischen Albertplatz 44 und Dreikönigskirche 43) ein überlebensgroßes, **weiß leuchtendes Marmordenkmal** (1913, Selmar Werner) gesetzt. Die Umfriedung des Denkmals ist mit Reliefszenen aus seinen literarischen Werken geschmückt.

093dn Abb.: fo © Svenni

44 Albertplatz und Erich Kästner Museum ★★ [E4]

Als kurz nach Beginn des 19. Jh. die alte Neustädter Stadtfestungsanlage aufgehoben wurde, plante man anstelle des alten Nordtores (dem sogenannten Schwarzen Tor) einen repräsentativen Rundplatz. 1817 wurde unter der Leitung des Hofbaumeisters Gottlob Friedrich Thormeyer der „Bautzner Platz" angelegt. Später benannte man ihn – nach dem König Albert von Sachsen – in Albertplatz um.

Neun Straßen führen **sternförmig** aus allen Himmelsrichtungen zum Albertplatz und um ihn herum, die zehnte tangiert ihn im Norden. Zunächst eher ein beschaulicher Ort zum Flanieren entwickelte sich der Platz mit der Zeit immer mehr zum **Verkehrsknotenpunkt** der Dresdner Neustadt. Heute ist er wichtiger Umsteigepunkt für fünf Straßenbahnlinien, deren Haltestellen sich mitten auf dem Platz befinden.

Der Mittelpunkt des Albertplatzes wird durch zwei Grünanlagen mit beeindruckenden **Zwillingsbrunnen** von den ihn umfließenden Verkehrsadern abgeschirmt. Der Bildhauer Robert Diez schuf von 1887 bis 1894 die Brunnen **„Stille Wasser"** (im Osten) und **„Stürmische Wogen"** (im Westen). „Stürmische Wogen" erlitt im Zweiten Weltkrieg starke Beschädigungen. Seine Überreste wurden eingelagert und an seinem Platz ein Sowjetisches Ehrenmal aufgestellt. 1993 wurde das Ehrenmal umgesetzt und ein Jahr später fand der restaurierte Brunnen an seinen angestammten Platz zurück. Die beiden Brunnen sind nicht nur über 100 Jahre alt, sie können sogar einen Ausflug nach Paris vorweisen. Hier waren sie nämlich zur Weltausstellung 1900 als Modell für die deutsche Gießereitechnik ausgestellt.

Granit, Bronze und Wasser: Zwillingsbrunnen am Albertplatz

An der Nordostflanke des Albertplatzes, zwischen Antonstraße und Carolinenstraße, befindet sich das **Erich Kästner Museum**, in dem Faksimiles, Fotos, Briefe, Audiomaterialien und natürlich Sekundärliteratur über das Leben und Werk Kästners informieren. Der Besucher ist in diesem Museum eingeladen, neugierig zu sein und sich auf die Suche zu begeben, denn die Exponate verbergen sich in schlanken, mobilen Säulen mit Schubladen, Regalen und Ablagefächern, die der Besucher selbst erkunden kann. Der Ort für das Museum zu Ehren des Schriftstellers ist nicht zufällig gewählt: Es ist im Erdgeschoss der ehemaligen Villa seines Onkels Franz Augustin untergebracht. Dem jungen Erich Kästner bereitete es in seiner Kindheit Vergnügen, auf der Grundstücksmauer zu sitzen und dem geschäftigen Treiben auf dem Albertplatz zuzuschauen. Und noch heute begrüßt er – oder vielmehr sein in Bronze gegossenes, junges Konterfei – von diesem Ort aus seine Gäste.

› **Erich Kästner Museum,** Antonstraße 1, Tramhaltestelle: Albertplatz, Tel. 8045086, www.erich-kaestner-museum.de, geöffnet: So.–Fr. 10–18 Uhr, Do. nur für angemeldete Gruppen, Sa. geschl., Eintritt 5 €, erm. 3 €, Familien 12 €, Kinder unter 6 Jahren frei

45 Königstraße ★ [D5]

Heute wie damals erstrahlen die **barocken Bürgerhäuser** der Königstraße in hellen und freundlichen Farben und bezaubern mit kunstvoller, illusionistischer Fassadenbemalung. Dass die Königstraße den Zweiten Weltkrieg und die nachfolgenden Jahrzehnte des DDR-Regimes mit nahezu vollständig erhaltener Bausubstanz überstanden hat, grenzt fast an ein Wunder. Während in direkter Nachbarschaft die Kriegswunden in der Hauptstraße 42 mit sozialistischem „Plattenbaucharme" geschlossen wurden, bröselten die barocken Schönheiten in der Königstraße vor sich hin. Nach der Wende engagierten sich überwiegend private Investoren für den Erhalt der Gebäude in der Königstraße und den umliegenden kleineren Gassen und ließen die „alte" Schönheit neu erblühen. Die Königstraße ist heute wieder das, was sie auch schon früher ausstrahlte – vornehm, nobel und von einer gewissen **höfischen Eleganz.** Hier gibt es edle Boutiquen, Designerläden, Kunstgalerien und schicke Cafés. Dass die Straße nach August dem Starken benannt wurde, liegt auf der Hand. Eingerahmt vom Albertplatz 44 im Norden und dem Japanischen Palais 46 im Süden ist sie ein Hauptbestandteil des Barockviertels (s. S. 106).

› Tramhaltestelle: Albertplatz, Palaisplatz

46 Japanisches Palais ★ [D5]

Das Japanische Palais befindet sich ein wenig abseits des prachtvollen zentralen Geschehens der Stadt am rechten Ufer der Elbe. August der Starke hatte mit dem Gebäude große Pläne: Der Kurfürst und König war ein leidenschaftlicher Porzellansammler und wollte das Japanische Palais zu einem reinen **Porzellanschloss** machen – eine würdige Präsentationsfläche für seine Sammlung. Sein **„Traum in Porzellan"** wurde aber nur in wenigen Teilen realisiert.

August beauftragte die führenden Architekten seiner Zeit mit dem Umbau des ehemaligen Holländischen Palais, dem Sitz des holländischen Gesandten in Dresden. Nach den Plänen der Architekten und Baumeister Matthäus Daniel Pöppelmann, Zacharias Longuelune, Jean de Bodt und Johann Christoph Knöffel entstand von 1727 bis 1737 ein prächtiger Barockbau mit klassizistischen und asiatisch nachempfundenen Gestaltungselementen. Die **geschwungenen Dächer** sind weithin sichtbar und prägen das **fernöstlich anmutende Erscheinungsbild** des Japanischen Palais. Die Baldachine über den Fenstern im Obergeschoss und die immer wieder auftauchenden Chinesenfiguren tragen ihr Übriges dazu bei.

Unter Kurfürst Friedrich August III. wurde das Palais 1785 ein Sammlungs- und Bibliotheksgebäude. Im Keller befand sich die Porzellansammlung, im Erdgeschoss die Antikensammlung und in den oberen Etagen wurde die **kurfürstliche Bibliothek** eingerichtet. 1945 wurde das Palais erheblich beschädigt und die anschließenden Rekonstruktionsarbeiten nahmen und nehmen nach wie vor viel Zeit in Anspruch. Allein für die Beschaffung und Wiederherstellung der Kupferdächer gingen dreißig Jahre ins Land. Aktuell ist das Palais Ausstellungsraum für das **Museum für Völkerkunde** und die **Senckenberg Naturhistorischen Sammlungen** mit wechselnden Sonderausstellungen. Wie die Nutzung in Zukunft aussehen wird, ist abschließend noch nicht geklärt.

› **Museum für Völkerkunde Dresden (SKD),** Palaisplatz 11, Tramhaltestelle: Palaisplatz, Tel. 49142000 (Besucherinfo SKD), www.skd.museum, Di.–So. 10–18 Uhr, Mo. geschl., Eintritt frei

› **Senckenberg Naturhistorische Sammlungen Dresden,** Tel. 7958414326, www.snsd.de, Öffnungszeiten: Di.–So. 10–18 Uhr, Mo. geschl., Eintritt: 4 €, erm. 2 €, Kinder bis 5 Jahre frei

Die Äußere Neustadt

Wer die Innere Neustadt hinter sich lässt, den Albertplatz überquert und sich aufmacht, die Äußere Neustadt zwischen Königsbrücker Straße, Bischofsweg, Alaunstraße und Martin-Luther-Kirche zu entdecken, findet ein nur knapp einen Quadratkilometer großes Areal vor, das mit dem barocken Dresden herzlich wenig zu tun hat, die Stadt aber ebenso prägt. Man trifft viele junge Menschen: Aussteiger, die froh sind, hier ihre Ruhe zu finden, Einsteiger, die gerade eine neue Geschäftsidee ausprobieren und einen Laden eröffnen wollen, Langschläfer, die am Samstagmittag nach durchtanzter Nacht in einem Café in der Alaunstraße einen Latte Macchiato trinken, und ausgeschlafene Studenten, die hier wohnen und nur im Alaunpark, in den Cafés und Restaurants so richtig zum Arbeiten, Nachdenken und Diskutieren kommen. Die Äußere Neustadt ist der bunte, der schrille und ganz gegenwärtige Gegensatz zur Erinnerung an das barocke Dresden Augusts des Starken.

Wenn anderswo in der Stadt schon die Bürgersteige hochgeklappt sind, ist in der Neustadt garantiert an irgendeiner Ecke noch was los. Unbedingt ist die Alaunstraße [E4] einen Abstecher wert. Flaniert man bis zum Bischofsweg [F3], sieht man fast alles, was die Neustadt ausmacht: Cafés, Kneipen, Bars, Restaurants, kleine oder größere **Szeneläden,** und das in unterschiedlichen Schattierungen, mal aufgemotzt, mal etwas abgeranzt, aber immer interessant, einen Blick und ein Gespräch wert. Am Bischofsweg angekommen, lohnt sich ein Blick auf den Alaunpark [F2/3] oder man gönnt sich auf diesem wun-

EXTRATIPP

Ein Heim für verlorene Socken

Seit Juni 2000 ist der **Waschladen „Crazy"** in der Louisenstraße nun schon Anlaufstelle für schmutzige Sachen. Montag bis Samstag kann man hier von 6.30 bis 23 Uhr seine Wäsche an 14 elektronisch gesteuerten Waschmaschinen wieder auf Vordermann bringen. Ein absoluter **Hingucker** sind die über **2500 bunt gemixten Einzelsocken, die von der Decke baumeln.** Sie sind alle im Laufe der Zeit aus den Waschmaschinen gefischt worden und zieren nun den Waschsalon – einsam und doch in ihrem Schicksal vereint.

●**10** [E3] **Waschladen „Crazy"**, Louisenstr. 6

039dn Abb.: br

derschönen, begrünten Platz, der früher einmal ein Exerzierplatz war, eine Verschnaufpause auf der Wiese oder einer der Parkbänke.

Zurück könnte es dann über die Görlitzer Straße bis zur Louisenstraße [F4] gehen, die die Neustadt fast einmal ganz von West nach Ost durchzieht. Weiter geht es z. B. durch die Martin-Luther-Straße [F4] und vorbei an der Martin-Luther-Kirche bis zur Bautzner Straße. Vielleicht macht man noch eine Pause in einem der Cafés und geht dann wieder zurück zum Albertplatz 44.

Bei Nacht ist die Neustadt noch mal ein besonderes Erlebnis: ein Menschengewimmel in einem der größten erhaltenen **Gründerzeitviertel** Deutschlands. Die Kinobesucher der Schauburg an der Königsbrücker Straße zieht es nach der Vorstellung noch in die nahegelegenen Cafés, Bars und Restaurants oder in die Scheune (s. S. 104), schon zu DDR-Zeiten ein traditionsreicher Veranstaltungsort.

Im „Crazy" hängt man als einsame Socke ab

Das Durchschnittsalter in der Neustadt lag 2014 gerade einmal bei 31,8 Jahren, die Geburtenrate Dresdens ist hier am höchsten. Dass sich nicht nur die Menschen, sondern auch die Hunde hier sehr wohl fühlen, zeigt sich allein daran, dass die Neustädter beim Spazieren häufig einen Blick nach unten aufs Trottoir werfen. Also: Vorsicht vor „Tretminen" ist geboten.

Seit 1990 feiert sich die Neustadt mit der **Bunten Republik Neustadt** (www.brn-dresden.de), einem fröhlich-bunten Stadtteilfest im Juni, einmal im Jahr selbst. Die eigenständige Republik der Nachwendezeit (mit eigener Währung, der „Neustadtmark", eigener Flagge mit Mickey Mouse im Ährenkranz und einer „ordentlichen provisorischen Regierung"), aus der das Neustadtfest hervorging, gehört mittlerweile der Vergangenheit an.

› Tramhaltestelle: Albertplatz, Bischofsweg oder Louisenstr., www.dresden-neustadt.de, www.neustadt-ticker.de

47 Kunsthofpassage ★★★ [F3]

Schauen, Staunen, Shoppen und Verweilen – egal aus welchem Anlass man in die Kunsthofpassage kommt, es lohnt sich. Das **Hinterhofgeflecht,** das sich von der Alaunstraße Nr. 70 bis zur Görlitzer Straße Nr. 23–25 ausbreitet, ist eine **kleine Oase aus Kunst, Architektur und ganz normalem Wohnraum.** Nirgendwo sonst bekommt man solch einen intimen Einblick in die Hinterhofwelt der Dresdner Neustadt.

Die Idee zum Kunsthof entstand 1997 mit der Sanierung des denkmalgeschützten Gebäudes in der Alaunstraße. Im Hinterhof gestaltete die Dresdner Künstlerin Viola Schöpe einen **Hof der Transformation** (auch als „Hof der Fabelwesen" bezeichnet). Die bunten, in den Putz eingelassenen Mosaikfiguren erzählen kleine Fabel-Geschichten und der Fantasie des Betrachters sind keine Grenzen gesetzt. Die Gestaltung des Hofes stieß auf so große Begeisterung, dass das Konzept unbedingt weitergeführt werden sollte. Als die Häuser Nr. 23–25 der Görlitzer Straße saniert wurden, gestaltete man ihre an den Hof der Alaunstraße angrenzenden Hinterhöfe im gleichen Stil. Der Hof des Lichtes, der Hof der Elemente und der Hof der Metamorphosen entstanden. 2001 kam schließlich der fünfte Hof dazu, der Hof der Tiere.

Jeder Hof ist genauso **fantasievoll und künstlerisch gestaltet,** wie man es von der individuellen und kreativen Neustadt erwartet. Im **Hof der Tiere** hangeln sich Affen an Lianen über den Kopf einer Giraffe vorbei zwischen an Dschungel-Baumhäuser erinnernde Balkone. Im **Hof der Elemente** wird die wasserblau bemalte Hauswand von einem wilden Geflecht

041dn Abb.: br

Im Hof der Elemente steht der blauen Fassade mit Wasserspiel …

041dn Abb.: br

… eine goldgelb wie die Sonne glänzende Hauswand gegenüber

von trompetenförmigen Trichtern berankt. Jede halbe und volle Stunde treten sie vor begeistertem Publikum in Aktion und vollführen ein klangvolles und visuelles Wasserspiel.

Im **Hof des Lichts** finden größere Veranstaltungen des Kunsthofs statt. Metallspiegel verwandeln hier das Sonnenlicht in bunte Farbreflexionen. Verwandlung ist natürlich auch das Thema im **Hof der Metamorphosen.** Kletterpflanzen verändern ihr eigenes Aussehen und das der Fassaden von Jahr zu Jahr. 15 Meter hohe schlanke Stahlskulpturen verwandeln sich bei Dunkelheit in Lichtsäulen. An den Häusern sind 24 kleine Metallrahmen befestigt, in denen verschiedene Papiersorten hängen. Sie sind zur Hälfte in Leinöl getränkt und zerfallen und verwittern ganz unterschiedlich.

Die Atmosphäre des kleinen Hofpassagensystems ist angenehm entspannt. Das Stimmengewirr der Besucher mischt sich mit dem Klappern von Geschirr und dem Plätschern der Brunnen, die von Regenwasser gespeist die Höfe schmücken. Bereichert wird das kunstvoll-architektonische Ensemble durch **gemütliche Kneipen** und **kleine Läden** für Schmuck, Klamotten und Geschenke.

› Görlitzer Straße 23, Tramhaltestelle: Alaunplatz, ganzjährig frei zugänglich, www.kunsthof-dresden.de

48 Pfunds Molkerei ★★ [G4]

Die eher unscheinbare Häuserfassade der Bautzner Straße, kurz bevor diese das kleine Flüsschen Prießnitz quert, lässt auf Anhieb keine Sehenswürdigkeit vermuten. Vielmehr drängt sich die Frage auf, warum man sich denn ausgerechnet hierher verirren sollte? Die Antwort bekommt, wer seinen Kopf zur Tür des Hauses mit der Nummer 79 hineinsteckt, denn man ist sofort gefangen von der Schönheit des Ladens, der sich seit 1998 **„schönster Milchladen der Welt"** nennen darf (eingetragen im Guinness-Buch der Rekorde). Er ist über und über mit kunstvoll bemalten Fliesen von Villeroy & Boch dekoriert, die mit ihrer eigenen kleinen **„Milchwelt"** verzaubern: Sie zeigen engelhafte Kinder mit Milchflaschen, malerische Wiesenlandschaften mit buntgescheckten Kühen und florale Ornamente.

Die steigende Nachfrage der städtischen Bevölkerung nach frischen Milchprodukten zog 1879 den Landwirt **Paul Pfund** nach Dresden. Ein Jahr später gründete er die **Pfunds Molkerei**, nah am Kunden und mitten in der Stadt. Das Unternehmen wuchs beständig und zählte schnell mehrere Filialen in Dresden. 1891 bezog die Pfunds Molkerei ihren neuen gefliesten Firmensitz in der Bautzner Straße 79 – marketingtechnisch ein perfekter Schachzug, denn die ungewöhnliche Gestaltung des Ladens war nicht nur äußerst repräsentativ, sondern zog natürlich noch mehr Publikum an.

Bis zum Zweiten Weltkrieg war die Pfunds Molkerei der größte Molkereibetrieb in ganz Sachsen. Unter der sozialistischen Regierung der DDR wurde das Unternehmen verstaatlicht und knapp ein Jahrhundert nach der Gründung füllte man in der Pfunds Molkerei zum letzten Mal Milch ab.

Seit 1995 ist das liebevoll restaurierte Gebäude wieder als Laden für Kunden und Besucher geöffnet. Neben dem **wundervollen Flieseninterieur** locken die in der Theke appetitlich arrangierten **Käsespezialitäten aus aller Welt** und all die anderen

Produkte aus Milch wie Milchseife oder Milchgrappa. Einziger Wermutstropfen: Wenn ganze Heerscharen an Touristen durch den Laden geschleust werden, kommt man vor lauter Menschen nicht mehr dazu, die Atmosphäre zu genießen. Es lohnt sich also, einen ruhigen Moment abzupassen, am besten dann, wenn mal keine Busse vor dem Laden stehen.

› Bautzner Straße 79, Tramhaltestelle: Pulsnitzer Str., Tel. 808080, www.pfunds.de, geöffnet: Mo.–Sa. 10–18, So./Feiertag 10–15 Uhr, Ausnahmen: 24. Dez. 10–13 Uhr, 25./26. Dez. geschlossen, 31. Dez. 10–15 Uhr, 1. Jan. geschlossen. Kostenpflichtiges Parken am Anfang der Priessnitzstrasse rechts.

Entdeckungen außerhalb des Zentrums

Dass Dresden auch außerhalb des Stadtzentrums etwas zu bieten hat, liegt auf der Hand. Entlang der Elbe reizen die drei Elbschlösser, die an die Elbhänge angeschmiegten Villenviertel, das Blaue Wunder und das Schloss Pillnitz. Und auch in den von Industrie oder Militärgeschichte geprägten Ecken der Stadt gibt es mit dem Panometer und dem Militärhistorischen Museum der Bundeswehr zwei touristische Highlights.

Was Dresden so besonders macht, ist unbestritten seine Lage an der Elbe. Ruhig und massig schlängelt sich der Fluss von Osten nach Westen durch die Stadt – rechts und links breiten sich die idyllischen Elbauen und die sanft hinaufwachsenden Elbhänge aus.

Um Dresden von einem anderen Blickwinkel kennenzulernen, bietet sich nichts Schöneres an, als an Bord eines **Schaufelraddampfers**

Kunstvoll gestaltete Fliesen und Käsespezialitäten aus aller Herren Länder gibt es im schönsten Milchladen der Welt, der Pfunds Molkerei

094dn Abb.: br

EXTRATIPP

Leinen los zur Abendrundfahrt

Mit dem **Schaufelraddampfer** in den Sonnenuntergang: Von Juni bis August führt die ca. zweieinhalbstündige „Abendfahrt" mit der Weißen Flotte (s. S. 141) flussaufwärts vorbei an den leuchtend in Szene gesetzten Elbschlössern bis nach Pillnitz und wieder zurück nach Dresden.

› www.saechsische-dampfschiffahrt.de/fahrten/ueberblick

(s. S. 141) die Wellen der Elbe zu durchpflügen – und das ist garantiert für alle Altersgruppen ein eindrucksvolles Erlebnis. Die traditionsreiche Weiße Flotte der Sächsischen Dampfschiffahrt unternimmt mit **neun historischen und vier modernen Ausflugsdampfern** Touren rings um Dresden, bis Meißen und in die Sächsische Schweiz. Die Anlegestellen in Dresden sind direkt am Terrassenufer unterhalb der Brühlschen Terrasse 6 zu finden.

Elbschlösser

Zwischen Stadtzentrum und Blauem Wunder 52 „logieren" entlang des rechten Elbhanges die drei Elbschlösser Schloss Albrechtsberg, das Lingnerschloss (ehem. Villa Stockhausen) und Schloss Eckberg. Im einheimischen Sprachgebrauch werden sie oft auch als **Albrechtsschlösser** bezeichnet, was auf Prinz Albrecht von Preußen zurückzuführen ist, der das Schloss Albrechtsberg und die Villa Stockhausen errichten ließ.

Die drei Schlösser haben eine bewegte Geschichte hinter sich. Ihren Ursprung haben sie Anfang des 19. Jh., als der Schotte James Ogilvy, 7. Earl of Findlater, ein ausgedehntes Areal an **Weinbergen** entlang des Elbhangs erwarb und ein Palais errichten ließ. Nach seinem Tod wurde das Palais noch einige Jahre als Gaststätte (Findlaters Weinberg) genutzt – besonders beliebt bei Künstlern aller Couleur. 1849 erwarb die Baronin von Stockhausen für Prinz Albrecht von Preußen weite Teile des ehemaligen Findlaterschen Grundbesitzes, ein Jahr später wurde das alte Palais zum ersten Elbschloss umgebaut.

› Tramhaltestelle: Elbschlösser

49 Schloss Albrechtsberg ★ [hn]

Prinz Albrecht von Preußen beauftragte 1850 den preußischen Hof- und Landbaumeister Adolf Lohse, einen Schüler Karl Friedrich Schinkels, mit dem Bau seines Wohnsitzes am neu erworbenen Elbhang. Ein spätklassizistischer Prachtbau entstand, der die Anmutung eines italienischen Palastes trägt.

Das „geräumige" Innere mit 100 Zimmern birgt neben dem prunkvollen Kronensaal auch ein türkisches Bad mit kunstvoll bemalten Fliesen. Besonderes Merkmal des **weitläufigen Schlossparks** ist das am Terrassenhang zwischen Schloss und Elbe angelegte **römische Bad** mit halbrundem Kolonnadengang.

Ab 1930 wurde das Schloss für die Öffentlichkeit zugänglich gemacht. Während der DDR-Zeit als „Pionierpalast" genutzt, ist es heute Sitz der JugendKunstschule, der Hotel- und Gaststättenschule und außerdem Kongress- und Veranstaltungsstätte. Der Park und die Terrasse sind für Besucher offen. Im östlichen Torhaus (Eingang im Schlosshof) informiert eine kleine Ausstellung über die Geschichte des Schlosses (tgl. 10–18 Uhr, Eintritt frei).

› www.schloss-albrechtsberg.de

EXTRATIPPS

Johannisfriedhof Dresden

Die weitläufige evangelisch-lutherische Begräbnisstätte wurde 2011 zu **Deutschlands schönstem Friedhof** gewählt. Eindrucksvoll ist u.a. die Friedhofskapelle mit ihrer großen Kuppel aus dem Jahr 1894, erbaut nach Plänen von Paul Wallot, dem Architekten, der auch das Dresdner Ständehaus und das Reichstagsgebäude in Berlin gestaltete.

Das **Alte Krematorium** im Urnenhain Tolkewitz mit seinem großen vorgelagerten Wasserbecken ist ein imposanter Sandsteinbau im Jugendstil und heute einer der wenigen noch erhaltenen Jugendstilbauten der Stadt. Das Gebäude ist nur von außen zu den Öffnungszeiten des Johannesfriedhofs zu besichtigen (tägl. ab 8 Uhr bis zum Einbruch der Dunkelheit).

★11 [iq] **Johannisfriedhof,** Zugang von der Tolkewitzer Str. oder der Wehlener Str., Zugang zu Krematorium von der Wehlener Str. aus

› **Mehr Infos:** www.johannisfriedhof-dresden.de

Ernemannturm

Ein tolle und erfrischend andere Sicht auf Dresden erhält man vom **Ernemannturm in Striesen.** Der 42 m hohe, 12-geschossige Turm wurde zu Beginn der 1920er-Jahre errichtet und gilt als einer der ersten Hochhausbauten Deutschlands. Früher war er Produktionsstätte von Kameras der Ernemannwerke, später VEB Pentacon. Heute sind hier die **Technischen Sammlungen der Stadt Dresden** untergebracht. Im 6. Stock lädt das **Turmcafé** ein zu Kaffee, Kuchen und kleinen Speisen – schöner Panoramablick inklusive.

› **Turmcafé,** im Ernemannturm/Techn. Sammlungen (s. S. 93), Di.–Fr. 10.30–17, Sa./So. und feiertags 10.30–18 Uhr. Der Zugang zum Turmcafé ist kostenlos.

Das Krematorium des Urnenhains auf dem Johannisfriedhof wurde Anfang des 20. Jh. nach Plänen des Architekten Fritz Schumacher gestaltet

083dn Abb.: fo © Mattoff

50 Lingnerschloss ★ [hn]

Nahezu zeitgleich wurde, ebenfalls nach Plänen von Adolf Lohse, der Herrensitz für den Baron von Stockhausen erbaut. Der Kammerherr von Prinz Albrecht bekam so etwas wie eine kleinere, weniger opulente Ausführung des großen Schlosses Albrechtsberg.

1906 kaufte der „Odolkönig" und Begründer des Deutschen Hygiene-Museums 37 **Karl August Lingner** das Anwesen. In seinem **Testament** verfügte er, dass die Villa nach seinem Tod an die Stadt Dresden und seine Bewohner übergehen sollte und wünschte sich, „kein Etablissement für nur reiche Leute erstehen zu sehen". Sein weiterer Wunsch war es, dass die Villa seinen Namen tragen sollte und so ist aus der Villa Stockhausen das **Lingnerschloss** geworden. Derzeit befindet es sich in einem Sanierungsprozess. Es werden Führungen und Veranstaltungen angeboten. Im Restaurant und Biergarten gibt es neben Speisen und Getränken auch einen schönen Blick auf Dresden.

044dn Abb.: br

EXTRAINFO

Loschwitzer Kirche

Die **Loschwitzer Kirche** in der Nähe der Talstation der Schwebebahn hat denselben Baumeister wie ihre große, aber jüngere Schwester, die Frauenkirche 2: **George Bähr.** Er schuf die kleine Barockkirche am Elbhang im Jahr 1705.

★12 [jo] **Loschwitzer Kirche**

› Tel. 6465382, www.lingnerschloss.de, Führungen nur nach Vereinbarung, Treffpunkt vor dem Schloss (parkseitig)

› **Lingnerterrassen,** Tel. 4568510, www.lingnerterrassen.de, Restaurant: Mo.-Sa ab 11, So. ab 14 Uhr, Biergarten: April–Sep. Mo.-Sa. 11–20, So. 11–19, Okt. Mo.-So. 11.30–17 Uhr, bei schlechtem Wetter geschlossen. Sonntags Brunch-Büfett 10–13 Uhr (außer an Feiertagen), Reservierung erbeten.

51 Schloss Eckberg ★ [hn]

Das dritte Schloss, an **der „Ecke" des Elbhanges** – daher der Name –, ist das auch zuletzt gebaute (1859–1861). Der Großkaufmann Johann Daniel Souchay ließ sich von Christian Friedrich Arnold, einem Schüler Gottfried Sempers, einen außergewöhnlichen Herrensitz im spätgotischen **Tudorstil** gestalten. Markant und auffällig sind die drei Türme des Schlosses. Heute ist das Schloss Hotel und Restaurant für gehobene Ansprüche.

› www.schloss-eckberg.de

Weit mehr als 100.000 Nieten halten das Blaue Wunder zusammen

EXTRATIPP

Leonhardi-Museum

Auf der Grundstraße den Elbhang hinauf, nur ein paar Meter vom Körnerplatz entfernt, überrascht plötzlich auf der rechten Seite ein über und über mit Sprüchen verziertes **Fachwerkhaus,** das so gar nicht in die Umgebung passen will: das **Leonhardi-Museum** (s. S. 94). Es ist das ehemalige Ateliergebäude von Eduard Leonhardi, einem Landschaftsmaler der Spätromantik und Schüler von Ludwig Richter. Neben einer Dauerausstellung im „Leonhardi-Atelier" mit Leonhardis Werken gibt es wechselnde Ausstellungen zeitgenössischer Dresdner Künstler.

52 Blaues Wunder ★★ [io]

Die **blaue, 3500 Tonnen schwere Stahlkonstruktion,** die zwischen Blasewitz und Loschwitz die Elbe überspannt, ist eines der Wahrzeichen Dresdens. 1893 eingeweiht, galt die Brücke als technisches Meisterwerk dieser Zeit. Ihre hellblaue Farbe und die Tatsache, dass sie als eine der ersten Brücken bei einer Spannweite von 142 m ohne zusätzlichen Strompfeiler auskam, machten sie zum „Blauen Wunder". Bis heute hält sich hartnäckig das nicht bestätigte Gerücht, dass die Brücke anfangs grün gewesen sein soll und die Farbe erst durch **Witterungseinflüsse** blau wurde.

Noch bis 1986 fuhren Straßenbahnen über das Blaue Wunder nach Loschwitz und Pillnitz, heute ist die Brücke nur für leichte Kraftfahrzeuge und natürlich Radfahrer und Fußgänger zugelassen. Der Zahn der Zeit nagt eifrig am Stahlgeflecht und die Stadt wird sich auch in Zukunft mit der Erhaltung des Bauwerks auseinandersetzen müssen.

› Tramhaltestelle: Schillerplatz oder Bushaltestelle: Körnerplatz

53 Standseil- und Schwebebahn ★★ [jo]

Man könnte sich fragen, was eine **Bergbahn** in Dresden zu suchen hat. Die Antwort ist folgende: Die beiden Bahnen wurden um die Jahrhundertwende gebaut, um das malerische und attraktive Gebiet der Elbhänge rund um den Stadtteil Weißer Hirsch und Loschwitz für neue **Villenviertel** zu erschließen.

Beide Bahnen blieben während des Zweiten Weltkrieges nahezu unversehrt und wurden nach der Wende umfangreich restauriert und saniert und fahren heute wieder in ihrer gewohnten Pracht. Eine Fahrt mit einer

043dn Abb.: br

Eine der beiden Bergbahnen der Stadt: die Schwebebahn 53

der beiden Bergbahnen dauert knapp **fünf Minuten** und dann ist sie leider auch schon wieder vorbei.

1895 wurde die **Standseilbahn** eröffnet und verbindet seitdem den Körnerplatz mit dem Nobelviertel Weißer Hirsch. Auf einer Strecke von 547 m überwinden die gelb-weißen Bahnen einen Höhenunterschied von 96 m.

Die **Schwebebahn** fuhr erstmals am 6. Mai 1901 vom Elbtal hinauf nach Oberloschwitz. Sie ist die älteste Bergschwebebahn und zugleich auch die **einzige Schienenhängebahn der Welt.** Außergewöhnlich sind die treppenartig konstruierten Passagiersitze in den beiden ockerfarbenen bzw. roten Gondeln. Sie verfügen über keinen eigenen Antrieb, sondern werden mittels Zugseil an einer Schiene hängend bewegt. Auf ihrer Fahrtstrecke von 274 m legt die Schwebebahn einen Höhenunterschied von rund 95 m zurück. Oben angelangt, hat man von der Aussichtsplattform (per Fahrstuhl erreichbar) eine grandiose Panoramasicht: Zu Füßen liegen der Körnerplatz und das Blaue Wunder und am Horizont die Skyline von Dresden.

- **Standseilbahn,** Talstation: Körnerplatz, Bergstation: Bergbahnstr. in 96 m Höhe
- **Schwebebahn,** Talstation: Pillnitzer Landstraße (in direkter Nachbarschaft zur Loschwitzer Kirche), Bergstation: Sierksstraße, Aussichtsplattform in 84 m Höhe
- Tramhaltestelle: Schillerplatz oder Bushaltestelle: Körnerplatz, www.dresdner-bergbahnen.de, einfache Fahrt: 4 €, erm. 2,50 €, Berg- und Talfahrt: 5 € bzw. 3 €, Familienkarte (2 Erw. u. 4 Kinder) 12,50 €, Maschinenhaus der Schwebebahn: 2,50 €, erm. 1 €, Familien 5 €

54 Schloss und Park Pillnitz ★★★ [S. 150]

Im südöstlichen Zipfel des Dresdner Stadtgebietes, auf Höhe einer kleinen Elbinsel, die hier den Fluss teilt, liegt malerisch arrangiert das Schloss Pillnitz. Das Lustschloss mit

045dn Abb.: br

seiner weitläufigen Parkanlage war einst Sommerresidenz des sächsischen Hofes.

Ende des 17. Jahrhunderts war das Pillnitzer Rittergut an August den Starken übergegangen. Zunächst schenkte er es seiner Mätresse, der Gräfin Cosel, aber nachdem er ihre Liaison unrühmlich beendet hatte, übernahm er selbst wieder die Planung des Anwesens und legte den Grundstein für die ersten Schlossbauten. Vorbilder fanden die Gebäude u. a. in der französischen und italienischen Architektur. Dem damaligen Zeitgeist entsprechend, ließ man der Fantasie freien Lauf und integrierte **fernöstliche Motive** in die Bauwerke – Pillnitz ist die größte Schlossanlage in Europa mit asiatisch anmutender Architektur. Während unter August dem Starken eher das pure **Vergnügen** im Vordergrund stand, wurde das Schloss unter Kurfürst Friedrich August III. vielmehr als repräsentativer **Regierungssitz** genutzt.

Wer sich heute Pillnitz vom Wasser her nähert, wird nicht nur durch das beschwingt anmutende Gebäudeensemble beeindruckt, sondern auch durch die breite **Wassertreppe** zur Elbe hinab. In den Schlossgebäuden können das **Neue Palais**, das **Wasser-** und das **Bergpalais** mit integrierten Ausstellungen besichtigt werden. Der wundervoll angelegte **Park** lädt zu ausgedehnten Lustwandelspaziergängen ein – mit Stopps im **Palmen- bzw. Kamelienhaus.** In Letzterem ereignet sich immer von Mitte Februar bis Mitte März ein farbenprächtiges Schauspiel, das man nicht verpassen sollte, denn dann öffnen sich **Zehntausende karminrote Blüten** der über 200 Jahre alten **Kamelie.** Vor dem kalten Winterwetter geschützt, „bewohnt" die ca. neun Meter hohe, immergrüne Schönheit ein bewegliches Glashaus. Im Sommer ist sie im Freien zu bewundern.

› Bushaltestelle: Leonardo-da-Vinci-Straße oder Pillnitzer Platz, Anlegestelle der Sächsischen Dampfschiffahrt (s. S. 141): Pillnitz, Tel. 2613260, www.schlosspillnitz.de, geöffnet: ab 6 Uhr bis zum Anbruch der Dunkelheit, Eintritt: **Tagesticket „Park Pillnitz"** (Park und Palmenhaus) 3 €, erm. 2,50 €, **Tagesticket „Schloss & Park Pillnitz"** (Museen, Park und Palmenhaus) 8 €, erm. 6 €, Kinder bis 16 Jahre frei

› **Schlosspark:** tägl. von 6 Uhr bis Einbruch der Dämmerung, in der Hauptsaison (April–Okt.) 9–18 Uhr kostenpflichtig, in der Wintersaison Eintritt frei

› **Palmenhaus:** April–Okt. tägl. 9–18, Nov.–März tägl. 10–16 Uhr

› **Kamelienhaus (während der Blütezeit):** Mitte Febr.–Mitte April tägl. 10–17 Uhr

› **Schlossmuseum im Neuen Palais und Kunstgewerbemuseum im Berg- u. Wasserpalais,** Mai–Okt. Di.–So. 10–18 Uhr, Mo. geschl.

55 Panometer ★★★ [hr]

In der ehemaligen städtischen Gasanstalt Reick kann man Industriearchitektur der Gründerzeit bewundern. Im kleineren der beiden Gasbehälter ist das Panometer zu Hause. Der Künstler und Architekt Yadegar Asisi präsentiert hier seit 2006 eindrucksvolle Panoramen. Seit 2015 sind im halbjährlichen Wechsel zwei sehr unterschiedliche Stadtpanoramen zu sehen: In der ersten Jahreshälfte „Dresden 1945 – Tragik und

◁ Schloss Pillnitz liegt direkt an der Elbe

Hoffnung einer europäischen Stadt", ab Mitte Juni dann „Dresden – Mythos der barocken Residenzstadt".

Das barocke Dresden bietet dem Betrachter ein komprimiertes Bild der Stadt in den Jahren 1695 bis 1760. Inspiriert von Canalettos Veduten (Stadtansichten) ist hier auf 3000 m² Stoff eine 360°-Panorama-Illusion der Stadt abgebildet, die eine Zeitreise zurück ins Dresden des 18. Jahrhunderts ermöglicht. Die Perspektive auf Dresden ist dabei die, die sich dem Betrachter von der Hofkirche aus bieten würde. Es kann ein kompletter Tag von Sonnenaufgang bis in die Nacht hinein erlebt werden – mit Blick auf das Italienische Dörfchen (s. S. 43), den mächtigen Turm der alten Kreuzkirche oder auf das damals noch dünn bebaute Neustädter Ufer. Aufmerksame Betrachter werden mit für Dresden typischen Szenen belohnt, wie dem Hofnarren Fröhlich (s. S. 63) im „Schweinswagen" oder der Ankunft von Raffaels „Sixtinischer Madonna".

Welch Ausmaß Krieg und Zerstörung bringen, zeigt das zweite Pano-

KURZ & KNAPP

Ein Zeugnis des Industriezeitalters

Der große, 67 m hohe Gasbehälter direkt neben dem Panometer 55, der wie ein Kolosseum anmutet, wurde 1907/1908 von **Hans Erlwein,** dem Architekten des sogenannten Erlweinspeichers (s. S. 50), erbaut. Die Überbleibsel der in den Himmel ragenden, **monumentalen Fassade** mit den fünf Türmen sind nicht nur beeindruckend, sondern auch ein begehrtes Motiv für Fotografierbegeisterte.

Architekturkoloss: der ehemalige Gasbehälter im Stadtteil Reick

rama – Dresden nach dem Angriff der Alliierten im Februar 1945. Hier steht der Betrachter auf dem nicht zerstörten Rathausturm und blickt auf die Trümmer der Stadt.

- Zu beiden Panoramen gibt es hinter den „Kulissen" Begleitausstellungen. Ca. 1½ bis 2 Stunden sollten für den Besuch im Panometer eingeplant werden.
- **Termine:** erste Jahreshälfte „Dresden 1945", zweite Jahreshälfte bis Anfang Januar des Folgejahres „Residenzstadt"
- Gasanstaltstraße 8b, Bushaltestelle: Nätherstraße/Panometer oder Tramhaltestelle: Liebstädter Straße oder S-Bahn-Haltestelle: Dresden-Reick/asisi Panometer, Tel. 0341 3555340, www.panometer.de/dresden/panometer-dresden, www.asisi.de, Eintritt: 11,50 €, erm. 10 €, Kinder (6–14 Jahre) 6 €, unter 6 Jahre frei, Fernglas oder Audioguide: 2 €, Öffnungszeiten: Mo.–Fr. 10–17, Sa./So./Feiertag 10–18 Uhr, letzter Einlass eine Stunde vor Schließung, Aussichtsplattform in 12 m Höhe, Aufstieg über Treppe

56 Militärhistorisches Museum der Bundeswehr ★★ [G1]

Der neoklassizistische Bau aus dem Jahr 1877 hat eine wechselvolle Geschichte: einst Waffenarsenal der Königlich Sächsischen Armee für die Kasernen der Albertstadt im Kaiserreich, ab 1910 Sächsisches Heeresmuseum und ab 1972 DDR-Armeemuseum. Nach siebenjähriger Umbauphase und Neukonzeption der Ausstellung wurde das Militärhistorische Museum der Bundeswehr 2011 eröffnet.

Auf 10.000 m² Ausstellungsfläche werden mehr als 10.000 Exponate in zwei eigenständigen Ausstellungen präsentiert: Der chronologischen Darstellung von Militär- und Kriegsgeschichte von 1300 bis in die Gegenwart im Altbau werden neun aufwändig und eindrucksvoll gestaltete Themenparcours wie „Tiere und Militär", „Politik und Gewalt", „Leiden am Krieg" im Libeskind-Keil (s. S. 124) gegenübergestellt.

Der **Rundgang** beginnt bei Exponaten zum Söldner- und Landsknechtwesen im Spätmittelalter und führt über die Bauernkriege, den Dreißigjährigen Krieg bis zu den napoleonischen Kriegen, der 1848er-Revolution, den Reichseinigungskriegen und den beiden Weltkriegen bis zum rassenideologischen Vernichtungskrieg der Nationalsozialisten, dem Völkermord an den europäischen Juden. Der Zeitraum von 1945 bis heute wird von dem Beginn des Kalten Krieges markiert und dem Aufbau der beiden deutschen Armeen, der Bundeswehr und der Nationalen Volksarmee.

Die **Themenparcours** ergänzen und vertiefen diese Chronologie auf einzigartige und immer wieder auch überraschende und erschreckende Art und Weise: Wenn etwa 23 Bomben von der Decke auf den Besucher zu fallen drohen, Gerüche des Krieges wahrzunehmen sind oder – im Parcours „Tiere und Militär" – ein dreibeiniges Schaf zu sehen ist, das während des Falklandkrieges über Minenfelder laufen musste.

60 Millionen Euro hat der Umbau gekostet, entstanden ist eine ernstzunehmende Auseinandersetzung mit einem schwierigen und heiklen Thema. Auf die angekündigten **Sonderausstellungen** der kommenden Jahre darf man zu Recht gespannt sein.

- Olbrichtplatz 2, Tramhaltestelle: Stauffenbergallee, Tel. 8232803, www.mhmbw.de, Öffnungszeiten: Mo. 10–21, Do.–Di. 10–18 Uhr, Mi. geschl., Eintritt: 5 €, erm. 3 €, Mo. ab 18 Uhr frei

Ausflüge in die Umgebung

Bei einem Besuch von Dresden lockt natürlich auch die Umgebung der Stadt. Zwei der beliebtesten und sehr zu empfehlenden Ausflugsziele sind das Schloss Moritzburg und die Sächsische Schweiz. Schloss Moritzburg ist untrennbar mit der Geschichte Augusts des Starken verwoben und die Sächsische Schweiz ein unvergleichliches, pittoreskes Naturerlebnis.

047dn Abb.: br

57 Schloss Moritzburg ★★★ [S. 150]

Nur knapp zwanzig Autominuten von Dresdens Zentrum entfernt befindet sich das idyllische Jagd- und Lustschloss Moritzburg. Welche ausschweifenden Feste und Jagdzeremonien der sächsische Hofadel hier wohl gefeiert haben mag? Die mit Jagdtrophäen, kostbaren Möbeln und kunstvoll bemalten Ledertapeten ausgestatteten Räume zeugen vom einstigen herrschaftlichen Adelssitz.

Das wildreiche Waldgebiet nordwestlich von Dresden – der Friedewald – animierte Herzog Moritz von Sachsen im Jahr 1542, hier ein Jagdschloss zu errichten. Es entstand ein **symmetrischer Renaissancebau mit vier Rundtürmen**, der schnell zum beliebten Vergnügungsort der adligen Jagdgesellschaft wurde.

Im Laufe der Jahre gab es immer wieder bauliche Neuerungen und Ergänzungen am Schloss. Unter Kurfürst Johann Georg II. wurde im 17. Jh. beispielsweise die Schlosskapelle an der Nordwestseite errichtet. Die prägenden Veränderungen erfuhr Schloss Moritzburg jedoch unter **August dem Starken**, der es um 1722 durch seinen Oberlandbaumeister Pöppelmann zu einem imposanten **Barockschloss** umgestalten ließ. Das Gebäude erhielt eine pompöse Innenausstattung mit **vier Prunksälen** und mehr als **200 weiteren Räumen.** Die Fassade bekam ihren charakteristischen, räumlich wirkenden Anstrich in Ocker und Weiß. Die Außenanlage wurde u.a. um den großen **Schlossteich** erweitert – Schloss Moritzburg, nun auf einer Insel mitten im Teich – wurde zum **Wasserschloss.**

EXTRAINFO

Quiz für Märchenfans

Dem eingefleischten Märchenfan dürfte Schloss Moritzburg als Schauplatz des DEFA-Klassikers **„Drei Haselnüsse für Aschenbrödel“** (1973) gut bekannt sein. Auf welcher Treppe verlor die Titelfigur wohl ihren Schuh? (Auflösung: Es ist die dem Park zugewandte Treppe auf der Ostseite.)

Zwei Dämme verbinden die Schlossinsel mit dem Ufer. Der nördliche Damm führt in den weitläufigen Schlosspark. Ende des 18. Jh. entstanden hier im Ostteil, am Großteich, das **Fasanenschlösschen** – ein kleines Rokokopalais mit fernöstlichen Elementen – und der **Leuchtturm.**

In den nachfolgenden Jahren blieb Schloss Moritzburg nicht von den Kriegswirren verschont. Nach aufwändiger Rekonstruktion erstrahlen das Schloss und seine Parkanlage heute aber wieder in beinahe altem Glanz.

Empfehlenswert ist ein Spaziergang (ca. 5–8 km je nach Wegstrecke) rund um das Schloss bis zum Fasanenschlösschen oder zum Leuchtturm und wieder zurück. Alternativ und ohne Anstrengungen kann auch, ganz standesgemäß, eine **Pferdekutsche** genommen werden. Wer in den kälteren Monaten das Schlossinnere besichtigen möchte, der sollte auf jeden Fall dicke Socken, eine warme Jacke und vielleicht auch Handschuhe einplanen – es kann in den **unbeheizten** Räumen sehr frostig werden. Sehenswert sind das **Federzimmer,** die festlich gedeckte Tafel im Speisesaal und der **Monströsensaal** mit unzähligen Rothirschtrophäen, einschließlich des legendären 66-Enders.

Im Schloss Moritzburg ließ es sich der sächsische Adel einst gut gehen

EXTRATIPP

Moritzburger Wildgehege

Ein Besuch im nahegelegenen Wildgehege lohnt sich, insbesondere für Familien. Auf der weitläufigen Anlage sind viele heimische Tierarten wie Rot-, Dam- und Schwarzwild, Eule und Wölfe zu sehen.

●13 **Wildgehege Moritzburg,** Radeburger Straße, 01468 Moritzburg, www.wildgehege-moritzburg.sachsen.de, Eintritt: 5 €, erm. 2,50 €, Kinder unter 3 Jahren frei, Jan.–Feb. Sa./So. 9–16, März–Okt. tägl. 10–18, Nov.–Dez. tägl. 9–16 Uhr

KLEINE PAUSE

Softeisvergnügen in Moritzburg

Hervorragendes Softeis gibt es im **Café zur Erholung** ca. 1000 Meter vom Schloss entfernt, auf der Ecke Schlossallee/Bahnhofstraße, genau gegenüber dem Haus des Pferdes. Von Dresden kommend, fährt man praktisch auf dem Weg zum Schloss daran vorbei.

14 Café zur Erholung, Käthe-Kollwitz-Pl. 1, tägl. ab 10 Uhr geöffnet

- Schloßallee, 01468 Moritzburg, Tel. 035207 8730, www.schloss-moritzburg.de. Gebührenpflichtige Parkmöglichkeiten sind in Schlossnähe vorhanden. Wenn man den Besuch außerhalb der typischen touristischen Stoßzeiten in den zeitigen Vormittags- oder späten Nachmittagsstunden gestaltet, dann umgeht man übervolle Parkplätze und Massenandrang am Schloss.
- **Barockausstellung und Federzimmer im Schloss:** Eintritt: 8 €, erm. 6,50 €, Kinder (von 6 bis 16 Jahren) 1 €, April–Okt. tägl. 10–17.30. Freier Eintritt für Kinder bis 5 Jahre und Geburtstagskinder (Groß und Klein).
- **Führung durch Schloss Moritzburg:** April–Okt. tägl. 10.30, 12, 14 und 15.30 Uhr, Dauer: ca. 1 Std., Preis: 2 € auf den Eintrittspreis (max. 20 Personen)
- **Fasanenschlösschen** (nur mit Führung, max. 10 Pers., Dauer: ca. 45 min.): Eintritt: 6,50 €, erm. 5,50 €, Mai–Okt. Mo.–Fr. stündlich 10–17, Sa./So./Feiertag halbstündlich 10–18 Uhr, Kombiticket „Barockschloss & Fasanenschlösschen" 11 €, erm. 9 €, Kinder (von 6 bis 16 Jahren) 4 €
- **Leuchtturm** (nur mit Führung): Eintritt: 3 €, erm. 1 € (Kinder bis 5 Jahre frei), Mai–Okt. So. 11–16 Uhr (witterungsabhängig)

Sächsische Schweiz

Wer Dresden besucht, kommt an einem Ausflug in die Sächsische Schweiz eigentlich nicht vorbei. Der deutsche Teil des Elbsandsteingebirges umfasst eine Fläche von rund 360 km², ca. ein Viertel davon wurde zum **Nationalpark Sächsische Schweiz** erklärt. Die reizvolle Felsenlandschaft mit ihren bizarren Felsnasen, tiefen Schluchten und majestätischen Tafelbergen ist ein außergewöhnliches Naturerlebnis und das nicht nur für bekennende Wanderfreunde. Für den neugierigen Erstbesucher bietet sich ein kleiner Schnupperausflug zur **Bastei** oder zur **Festung Königstein** an. Zu den besucherintensiven Zeiten sollte man beide Ziele aber eher meiden, denn dann sind Bastei und Festung sehr schnell überlaufen.

Von Dresden aus sind beide Ziele gut mit dem Auto oder mit der S-Bahn zu erreichen. Theoretisch kann auch per Dampfschiff eine Fahrt von Dresden in die Sächsische Schweiz unternommen werden. Eine einfache Fahrt dauert dann aber ca. 4 bis 5 ½ Stunden.

58 Bastei ★★ [S. 150]

Die Bastei ist eines der meistbesuchten Ziele der Sächsischen Schweiz. Aus ca. 190 m Höhe hat man von hier einen herrlichen Blick hinab ins Tal und die sich im großen Bogen hindurchwindende Elbe. Augenfällig ist die ca. 77 m lange **steinerne Basteibrücke**, die den **Aussichtsfelsen** hoch über der Elbe mit der Felsenburg Neurathen verbindet. Bis 1826 war der Aufstieg zur Bastei eine recht mühsame und wahrscheinlich auch waghalsige Klettertour. Um es dem wachsenden Be-

061dn Abb.: br

sucherstrom einfacher zu gestalten, baute man eine hölzerne Brücke zwischen Felsenburg und Bastei. Die witterungsanfällige Holzkonstruktion wurde Mitte des 19. Jh. dann durch eine Sandsteinbrücke ersetzt. Sie ist seither eines der weltweit bekannten Markenzeichen der Sächsischen Schweiz. Seit Mitte 2016 ist die beliebte Basteiaussicht eingeschränkt: Aufgrund der porösen Steinstruktur an der vorderen „Sandsteinnase" bleiben etwa fünf bis zehn Meter wegen Absturzgefahr der Felsen dauerhaft gesperrt. Die Basteiaussicht und die Basteibrücke sind ständig zugänglich und es wird kein Eintritt erhoben. Die Überreste der **Felsenburg Neurathen**, die Anfang des 13. Jh. erstmals urkundlich erwähnt wurde und damit zu den ältesten Wehranlagen der Sächsischen Schweiz gehört, können in einem kleinen Rundgang besichtigt werden.

Schlicht atemberaubend: die Bastei-Aussicht mit Blick auf die Elbe und die Tafelberge der Sächsischen Schweiz

- www.saechsische-schweiz.de, www.nationalpark-saechsische-schweiz.de
- **Felsenburg Neurathen:** tägl. 9–18 Uhr, Eintritt: 2 €, erm. 1 €, Fam. 5 €
- **Anreise Auto** (ca. 32 km): bis Lohmen, auf der Basteistraße mehrere (gebührenpflichtige) Parkmöglichkeiten, kurzer Fußweg zum Aussichtspunkt
- **Anreise S-Bahn:** bis Bahnhof Rathen, übersetzen mit der Fähre auf die andere Elbseite, Wanderweg hinauf durch die Felsenburg Neurathen zur Bastei

59 Festung Königstein ★★ [S. 150]

Hoch oben auf dem gleichnamigen **Tafelberg** thront die Festung Königstein. Sie zählt zu den größten europäischen **Bergfestungsanlagen** und wurde während ihrer 750-jährigen Geschichte kein einziges Mal vom Feind bezwungen.

Um 1200 wurde auf dem Königstein zur Sicherung der Grenze zwischen Böhmen und der Markgrafschaft Meißen eine Festung errichtet. Mit den Jahrhunderten wuchs die Anlage, diente unter anderem in Kriegszeiten als Zufluchtsort des sächsischen Adels oder als sicheres Depot für die Kunstschätze der Stadt Dresden. Bis kurz nach 1900 wurde die Festung noch rein zu militärischen Zwecken genutzt und schließlich zu einem **militärischen Freiluftmuseum** umgestaltet. Auf dem knapp zehn Hektar großen Gelände und mit mehr als 30 Bauwerken bietet die Festung Königstein die verschiedensten Entdeckungsmöglichkeiten und ist ein beliebtes Ausflugsziel in der Sächsischen Schweiz. Das Festungsplateau lässt sich für die Besucher zu Fuß oder ganz bequem mit dem Aufzug „erobern".

› www.festung-koenigstein.de, April–Okt. 9–18, Nov.–März 9–17 Uhr, Eintritt: Winter 8 €, Sommer 10 €, erm. 6 bzw. 7 € (Kinder bis 6 Jahre frei)
› **Anreise Auto** (ca. 35 km): bis Königstein, gebührenpflichtige Parkmöglichkeiten unterhalb oder in Reichweite der Festung vorhanden
› **Anreise S-Bahn:** bis Bahnhof Königstein (Sächsische Schweiz)

Die Festung Königstein auf dem gleichnamigen Tafelberg ist ein riesiges Freilichtmuseum

DRESDEN ERLEBEN

073dn Abb.: br

Dresden für Kunst- und Museumsfreunde

Dresdens Museumslandschaft ist ebenso breit gefächert wie abwechslungsreich: 50 Museen und 60 Galerien bieten kulturelle Highlights. Die kulturellen Schatzkammern der Stadt genießen Weltruf, denn einige der Museen befinden sich schon seit Langem mit namhaften internationalen Einrichtungen auf Augenhöhe.

Die beiden großen Institutionen der Dresdner Museenvielfalt sind die **Staatlichen Kunstsammlungen Dresden** (15 Museen) und die **Museen der Stadt Dresden** (zehn Museen). Unter den Museen der Staatlichen Kunstsammlungen „verbergen" sich Hochkaräter wie das Grüne Gewölbe und die Galerien Alte und Neue Meister.

› **Staatliche Kunstsammlungen Dresden:** www.skd.museum, SKD
› **Museen der Stadt Dresden:** www.museen-dresden.de, MDD

Museen

M15 **Carl-Maria-von-Weber-Museum** (MDD), Dresdner Straße 44, Tel. 2618234, geöffnet: Mi.–So. 13–18 Uhr, Mo./Di. geschl., Eintritt: 4 €, erm. 3 €, Fr. ab 13 Uhr Eintritt frei (außer an Feiertagen). Kurz vor Pillnitz befindet sich – beschaulich gelegen – das weltweit einzige Carl-Maria-von-Weber-Museum. Die ehemaligen Wohnräume, die Weber während seiner Besuche in Dresden bezog, sind zu einem Museum umgestaltet worden und widmen sich dem Leben und Werk des Musikers und Komponisten. Es finden regelmäßig Veranstaltungen wie z. B. Konzerte statt.

‹ *Vorseite: Die Sandsteinfigur an der Hauptstraße 42 wirft einen Blick auf die Altstadt*

M16 [E4] **DDR-Museum,** Antonstraße 2a, Tel. 56340888, www.weltderddr.de, tägl. 9.30-18 Uhr, So. und feiertags Einlass nur bis 17 Uhr, Erw. 7 €, erm. 5 €, Kinder bis 12 Jahre frei. Interessante Dauerausstellung „Die Welt der DDR" auf 1500 m², die aus Radebeul ins Simmel Center gezogen ist.

37 [E8] **Deutsches Hygiene-Museum.** Der „Gläserne Mensch", das bekannteste Exponat der faszinierenden Ausstellung rund um den menschlichen Körper und das integrierte interaktive Kindermuseum machen das Hygiene-Museum zu einem der beliebtesten Museen der Stadt (s. S. 60).

44 [E4] **Erich Kästner Museum.** Dem berühmten Schriftsteller und „Kind Dresdens" widmet sich dieses interaktiv gestaltete Museum am Albertplatz. Der interessierte Besucher wird bereits vom jungen Erich auf der Mauer sitzend erwartet (s. S. 69)!

10 [D6] **Festung Dresden (Kasematten).** Über den Eingang am Georg-Treu-Platz kann man die alten Stadtmauern erkunden. Direkt unterhalb der Brühlschen Terrasse zeugen die über 400 Jahre alten Festungsanlagen von der Geschichte der sächsischen Residenzstadt (s. S. 32).

M17 [gn] **Gedenkstätte Bautzner Straße,** Bautzner Straße 112a, Tel. 6465454, www.bautzner-strasse-dresden.de, tägl. 10–18 Uhr, Eintritt: 6 €, erm. 3 €, unter 18 Jahren frei, letzter So. im Monat frei. Ehemalige Untersuchungshaftanstalt des DDR-Ministeriums für Staatssicherheit.

13 [C7] **Grünes Gewölbe** (SKD). Die malachitgrünen Wände standen einst Pate für den Namen der üppig gefüllten Schatzkammer des sächsischen Hofes im Residenzschloss. Nach Umbau und Neukonzeption ist das Grüne Gewölbe nun in zwei eigenständige Ausstellungen auf-

059dn Abb.: br

geteilt: Historisches Grünes Gewölbe im Erdgeschoss und Neues Grünes Gewölbe im ersten Obergeschoss (s. S. 34).

18 [G3] **Kraszewski-Museum** (MDD), Nordstraße 28, Tel. 8044450, geöffnet: Mi.–So. 13–18 Uhr, Mo./Di. geschl., Eintritt: 4 €, erm. 3 €, Fr. ab 13 Uhr Eintritt frei (außer an Feiertagen). Binationales Museum, das sich dem Leben des polnischen Schriftstellers Józef Ignacy Kraszewski widmet. Wechselnde Sonderausstellungen mit deutsch-polnischem Kulturaustausch, Lesungen und Konzerten sowie Veranstaltungsort der Polnischen Kulturtage in Dresden.

19 [D5] **Kügelgenhaus – Museum der Dresdner Romantik (MDD),** Hauptstraße 13, Tel. 8044760, Mi.–So. 10–18, Mo./Di. geschl., Eintritt: 4 €, erm. 3 €, Fr. ab 12 Uhr freier Eintritt (außer an Feiertagen). Hinter der restaurierten barocken Bürgerhausfassade verbirgt sich ein Museum, das in neun thematischen Räumen Dresdens Rolle in der Romantik beschreibt.

Beeindruckend: der Keil von Daniel Libeskind ragt aus dem Militärhistorischen Museum 56 *heraus*

› **Mathematisch-Physikalischer Salon** (SKD), Zwinger 21 (s. S. 43). Diese Ausstellung im Dresdner Zwinger ist ganz mathematisch-naturwissenschaftlicher Natur: Gezeigt werden kostbare und ebenso präzise Messgeräte jeglicher Art, Uhren und Globen aus mehr als fünf Jahrhunderten.

56 [G1] **Militärhistorisches Museum der Bundeswehr.** Im Leitmuseum der Bundeswehr wird – ehrlich, ungeschönt und ohne Pathos – die militärische Entwicklung Deutschlands visualisiert. Militärhistoriker, interessierter Laie oder Pazifist: Die moderne Ausstellungskonzeption und spektakuläre Architektur machen das Militärhistorische Museum für viele Besucher interessant (s. S. 83).

› **Münzkabinett** (SKD), im Georgenbau 15 des Residenzschlosses. Money rules the world – Münzen, Medaillen und andere Geldschätze von der Antike bis zur Gegenwart (s. S. 38).

40 [D5] **Museum für Sächsische Volkskunst mit Puppentheatersammlung** (SKD). Typisch sächsische Schnitzereien, Trachten und Alltagsgegenstände – im Jägerhof begibt man sich auf die Spuren sächsischer Traditionen und originaler Volkskunst. Ergänzt um eine der größten Puppentheatersammlungen der Welt ist es ein echtes kulturelles Highlight (s. S. 65).

› **Museum für Völkerkunde Dresden** (SKD), im Japanischen Palais 46 (s. S. 70). Exotisch, anders und magisch anziehend, das sind die Ausstellungsexponate fremder Kulturen im Völkerkundemuseum Dresden. Auf der rechten Elbseite im Japanischen Palais, mit wechselnden Ausstellungen.

M 20 **Palitzsch-Museum Prohlis** (MDD), Gamigstraße 24, Tel. 7967249, geöffnet: Mi.–So. 13–18 Uhr, Mo./Di. geschl., Eintritt: 4 €, erm. 3 €, Fr. ab 13 Uhr Eintritt frei (außer an Feiertagen). Im ehemaligen Hof des Bauern und Naturwissenschaftlers Johann Georg Palitzsch ist heute ein Heimatmuseum eingerichtet. Die Themenschwerpunkte sind die Prohliser Ortsgeschichte, die mittlerweile über 7000 Jahre zurückreicht, und natürlich Palitzsch selbst. Er entdeckte 1758 den Halleyschen Kometen.

55 [hr] **Panometer.** In der ehemaligen Gasanstalt Dresden Reick ist ein 360°-Stadtpanorama zu bestaunen. Yadegar Assisi ermöglicht im halbjährlichen Wechsel eindrucksvolle Zeitreisen ins Dresden von 1945 und des 18. Jahrhunderts (s. S. 81).

23 [C7] **Porzellansammlung** (SKD). Superlative bleiben auch hier nicht aus: Die Porzellansammlung in Dresden ist eine der umfangreichsten der Welt. Ca. 20.000 Stücke aus feinstem Porzellan umfasst die Sammlung, herausragend sind die 151 „Dragonervasen" Augusts des Starken (s. S. 47).

› **Rüstkammer – Riesensaal und Türckische Cammer (SKD),** im Residenzschloss 12 (s. S. 33). Der Riesensaal ist Schauplatz für die große Sammlung von Prunkwaffen und Kostümen des sächsischen Adels. Den zweiten Teil der Rüstkammer gestaltet die Türckische Cammer, eine der ältesten Sammlungen osmanischer Kunstgegenstände außerhalb der Türkei.

M 21 [io] **Schillerhäuschen** (MDD), Schillerstr. 19, Tel. 4888600, Ostern–Sept. Sa./So. 10–17 Uhr oder nach Vereinbarung, Eintritt frei. Schillers Wirken und Leben in Dresden wurde nicht nur mit der marmornen Skulptur auf der Hauptstraße ein Denkmal gesetzt, sondern auch mit einem kleinen Museum in dem Loschwitzer Gartenhäuschen, in das er sich zum Arbeiten zurückzog. In Dresden vollendete der Dichter die „Ode an die Freude" und arbeitete an seinem Drama „Don Carlos".

54 [S.150] **Schloss & Park Pillnitz** (SKD). Das Lustschloss und die Sommerresidenz des sächsischen Hofes gewähren eindrucksvolle Einblicke in das mondäne Leben der Kurfürsten und Könige. Neben Schlosspark, Schlossmuseum, Kamelien- und Palmenhaus ist im Berg- und Wasserpalais ein Kunstgewerbemuseum eingerichtet. Der Besucher wird auf eine außergewöhnliche kunsthandwerkliche Zeitreise in eine Welt voller kostbarer Möbel, luxuriöser Einrichtungs- und Alltagsgegenstände aus verschiedenen Epochen mitgenommen (s. S. 80).

M 22 [A6] **Schulmuseum Dresden,** Seminarstraße 11, Tel. 2130156, www.schulmuseum-dresden.de, geöffnet: Do. 14–18 Uhr, Eintritt: 3 €, erm. 2 €, Kinder 1 €. Einmal die Schulbank drücken wie zu Kaisers Zeiten? Noch mal einen erinnernden Blick auf die Schultüte der 1980er-Jahre werfen können? Das ehrenamtlich geführte Schulmuseum Dresden macht es möglich. In dem ehemaligen Schulgebäude von 1886 fand bis 2002 noch regulärer

Unterricht statt, heute sind hier einzelne Klassenräume historisch nachgestellt – vom Ende des 19. Jahrhunderts bis zur DDR-Zeit.

M23 [D7] **Stadtmuseum Dresden** (MDD), Wilsdruffer Straße 2, Tel. 4887301, geöffnet: Di.–So. 10–18, Fr. 10–19 Uhr, Mo. geschl., Eintritt: 5 €, erm. 4 €, Fr. ab 12 Uhr Eintritt frei (außer an Feiertagen). Das Stadtmuseum ist seit 1966 im historischen Landhaus zu Hause, das neben Sächsischem Landtag und Ständehaus das dritte Landtagsgebäude Dresdens ist. Bis 1907 wurde hier getagt, bevor der Landtag ins Ständehaus umzog. Das spätbarocke/klassizistische Gebäude von 1775 hat nicht nur eines der schönsten Treppenhäuser der Stadt, sondern wahrscheinlich auch die hässlichste Fluchttreppenkonstruktion. Das hier untergebrachte Stadtmuseum eröffnete im November 2006 die Dauerausstellung „800 Jahre Dresden": Über 1000 Exponate führen in die Geschichte Dresdens ein. Außerdem gibt es eine umfangreiche Bibliothek (ca. 20.000 Bücher) mit Literatur zur Geschichte der Stadt: geöffnet: Mi. 10–15, Do. 13–18 Uhr und nach Absprache unter Tel. 4887374.

M24 **Straßenbahnmuseum Dresden e. V.**, Trachenberger Straße 38, Tel. 8583598, www.strassenbahnmuseum-dresden.de, aktuelle Termine zu Öffnungszeiten sind der Website zu entnehmen (Voranmeldung erbeten), Eintritt: 3 €, erm. 2 €. Ein Museum, das sich ganz der Straßenbahn in Dresden verschrieben hat. Es sind liebevoll restaurierte Straßenbahnen zu sehen und die Sammlung wird durch Fotos, Baupläne, Dokumentationen etc. ergänzt.

M25 [hq] **Technische Sammlungen Dresden** (MDD), Junghansstraße 1–3, Tel. 4887201, www.tsd.de, geöffnet: Di.–Fr. 9–17, Sa./So. 10–18 Uhr, Eintritt: 5 €, erm. 4 €, Fr. ab 12 Uhr frei (außer an Feiertagen), Kinder bis 6 Jahre frei. Im Ernemann-Werk mit dem markanten Turm hatten bis 1992 zwei namhafte Firmen der Foto- und Filmindustrie ihren Produktionssitz – Zeiss-Ikon und später Pentacon. Heute sind hier die Technischen Sammlungen untergebracht: Sächsische Foto-, Industrie- und Technikgeschichte kombiniert mit Sonderausstellungen und einem wortwörtlich zu nehmenden und spannenden „Experimentierfeld".

17 [D7] **Verkehrsmuseum Dresden im Johanneum.** Hier dreht sich alles um die Geschichte der Mobilität auf Straßen, Schienen, zu Wasser und in der Luft. Das ehemalige höfische Stallgebäude hat echte Schätze im Repertoire, so z. B. die älteste original erhaltene Dampflokomotive „Muldenthal" (s. S. 40).

Kunstgalerien

5 [D7] **Galerie Neue Meister** (SKD). Im Albertinum werden die „Neuen Meister" gezeigt, wobei „neu" hier eher relativ ist, denn die Ausstellung beginnt bei der Romantik. Werke von Caspar David Friedrich, Claude Monet, der Dresdner Künstlergruppe „Die Brücke" und A. R. Penck sind hier zu finden. Absolut sehenswert (s. S. 28)!

22 [C6] **Gemäldegalerie Alte Meister** (SKD). Die Sixtinische Madonna von Raffael ist der Star der Ausstellung – und genauso ist sie in den Räumen der Galerie „Alte Meister" im Zwinger auch in Szene gesetzt. Weitere namhafte europäische Maler des 15. bis 17. Jahrhunderts haben der Gemäldegalerie zu Weltruf verholfen. Botticelli, Rubens und Dürer sind nur einige der berühmten Künstler, deren Bilder hier zu bewundern sind (s. S. 46).

G26 [fm] **Kunstfonds** (SKD), Marienallee 12, Tel. 49143601, www.skd.museum, Besichtigung nur nach telefonischer Anmeldung, Eintritt frei. Wechselnde

Ausstellungen mit Schwerpunkt „Sächsische Kunst nach 1945".

7 [D7] **Kunsthalle im Lipsiusbau** (SKD). Im Lipsiusbau an der Brühlschen Terrasse werden wechselnde Sonderausstellungen der Staatlichen Kunstsammlungen Dresdens gezeigt (s. S. 30).

27 [D5] **Kunsthaus Dresden – Städtische Galerie für Gegenwartskunst,** Rähnitzgasse 8, Tel. 8041456, www.kunsthausdresden.de, Di.–Do. 14–19, Fr.–So., Feiertag 11–19 Uhr, Mo. geschl., Eintritt: 4 €, erm. 2,50 €, Fr. Eintritt frei. Mitten in der alten „Königsstadt" ist die Galerie für internationale Gegenwartskunst zu finden, mit wechselnden Ausstellungen und Veranstaltungen.

› **Kupferstich-Kabinett** (SKD), im Residenzschloss 12. Eine der weltweit größten und bedeutendsten Sammlungen von Zeichnungen, Aquarellen und druckgrafischen Werken (s. S. 33).

28 [io] **Leonhardi-Museum,** Grundstraße 26, www.leonhardi-museum.de, geöffnet: Di.–Fr. 14–18, Sa./So. 10–18 Uhr, Eintritt: 4 €, erm. 2,50 €, Kinder unter 7 Jahren frei. Eine kleine „malerische" Welt für sich ist das Leonhardi-Museum in Loschwitz. Im Atelier des spätromantischen Dresdner Landschaftsmalers Eduard Leonhardi (1828–1905) sind seine Werke und die zeitgenössischer Dresdner Maler kunstvoll in Szene gesetzt.

29 [D5] **Museum Körnigreich,** Wallgäßchen 2, www.hans-koernig.de , Tel. 4568323, Mo. und Do.–So. 11–18 Uhr, Eintritt: 3 €, erm. 2 €. Dieses „Körnigreich" ist dem Dresdner Maler und Grafiker Hans Körnig (1905–1989) gewidmet: Große Ölgemälde und eine Vielzahl an Grafiken und Zeichnungen zeigen sein Schaffen in den 1950er-Jahren. Der Künstler hatte hier auch sein Atelier.

34 [G10] **Palais Großer Garten.** Das erste barocke Gebäude der Stadt zeigt im restaurierten Erdgeschoss Skulpturen des sächsischen Barock und ist Veranstaltungsort für Konzerte und die Blumen- und Floristikausstellung „Dresdner Frühling im Palais" (s. S. 55).

› **Skulpturensammlung ab 1800,** im Albertinum 5, Teil des Rundgangs der Kunst von der Romantik bis zur Gegenwart (s. S. 28).

› **Skulpturensammlung bis 1800,** im Zwinger (Semperbau) 21. Dauerausstellung von Skulpturen der Antike bis zum Barock (s. S. 43).

30 [D7] **Städtische Galerie Dresden – Kunstsammlung (MDD),** Wilsdruffer Straße 2, Tel. 4887301, www.galerie-dresden.de, Di.–So. 10–18, Fr. 10–19 Uhr, Mo. geschl., Eintritt: 5 €, erm. 4 €, Kinder bis 6 Jahre frei, Fr. ab 12 Uhr Eintritt frei (außer an Feiertagen). Die Städtische Galerie im Landhaus legt ihren Schwerpunkt auf Kunst des 19. und 20. Jahrhunderts und hat in der „Neuen Galerie" einen eigenen Raum für Gegenwartskunst.

Kunst unter freiem Himmel

Die Gebäude der historischen Innenstadt sind an sich schon ein Kunstensemble, und wem das neben den vielen Denkmälern und Skulpturen im Zwinger oder im Großen Garten nicht ausreicht, der findet **im öffentlichen Raum** über die Stadt verstreut an vielen Ecken zusätzlich **moderne Kunstobjekte.** So zum Beispiel die Skulptur „**Die Woge**" (2006, von Tobias Stängel) auf der Augustusbrücke 38, die sich unverkennbar das „Elbehochwasser 2002 – ein Spiegel der Fluten andernorts" zum Thema gemacht hat. Der große „**Waterscreen**" (2008) von Rainer Splitt am Postplatz [C7] sorgt im Sommer für Erfrischung, kann aber auch „pur" als Kunstobjekt betrachtet werden.

Sonst weltoffen, zeigt sich der Dresdner mitunter sehr engstirnig,

013dn Abb.: br

Im Dresden 1900 (s. S. 97) isst man vis-à-vis der ältesten Straßenbahn der Stadt

wenn es um neue öffentliche Kunstobjekte in „seiner" Stadt geht. Moderne Objekte stoßen dann gern auf heftige Diskussionen um Sinn und Zweck, so z. B. die 2011 entstandene Skulptur **„Trichter"** von Franka Hörnschemeyer an der Ecke Dr.-Külz-Ring/Seestraße [C8]. Die Skulptur gewährt Einblick in das Abwassersystem der Stadt und auf die Reste des historischen Seetors. Ein eigenes Urteil kann man sich selbst am besten vor Ort bilden.

Kunst und Kultur unter freiem Himmel werden beim Festival **Palais Sommer** großgeschrieben: In den Sommermonaten Juli und August finden mehr als einhundert Veranstaltungen im Park des Japanischen Palais (46) statt – von Malereiausstellungen über Podiumsdiskussionen bis hin zu Open-Air-Konzerten.

› www.palaissommer.de

Dresden für Genießer

Essen und Trinken

Auch in kulinarischen Dingen schafft Dresden das Gleichgewicht zwischen Traditionellem und Trendig-Zeitgemäßem. Viele der Restaurants und Cafés haben neben modernen, internationalen Gerichten auch mindestens ein typisch sächsisches auf der Karte.

Die **sächsische Küche** ist bodenständig, mitunter sehr deftig und alles andere als kalorienarm – eben ehrliche, gut schmeckende **Hausmannskost.** Typisch sächsisch bzw. dresdnerisch sind Sächsische Kartoffelsuppe mit Würstchen (gewürzt mit Majoran), Dresdner Sauerbraten (in Buttermilch eingelegtes Fleisch vom Rind mit Lebkuchensoße) und Sächsischer Kartoffelsalat (mit Apfel, grünen und sauren Gurken sowie Fleischsalat).

Und dann gibt es natürlich noch die **süßen Klassiker** wie Quarkkäulchen und die Dresdner Eierschecke. Die etwa handtellergroßen, flachen **Quarkkäulchen** (fladenartige

Klößchen) aus gekochten Kartoffeln, Quark, Mehl, Eiern und Rosinen werden in der Pfanne goldgelb gebraten. Außen schön knusprig und innen saftig werden sie mit Zucker und Zimt bestreut und mit Apfelmus gereicht. Einst eher ein Armeleuteessen sind sie heute salonfein und auch von Gourmets sehr geschätzt.

Ein Stück **Dresdner Eierschecke** zeigt frisch angeschnitten die Harmonie dreier Schichten. Die oberste Schicht, die Schecke, besteht aus steif geschlagenem Eiweiß, unter das Zucker, Eigelb und Vanillepudding gemischt werden. Die zweite Schicht besteht hauptsächlich aus Quark, vermischt mit Ei, Zucker, Milch und Butter. Der Boden der Eierschecke ist ein klassischer Hefe- oder Backpulverteig. Üblicherweise gibt es die Eierschecke als Blechkuchen, sie wird in rechteckige Stücke zerteilt. Vollkommen wird der Genuss des sächsischen Klassikers mit einem „Schälchen Heeßen", einer Tasse Kaffee.

Empfehlenswerte Lokale

Restaurants

31 [D7] **Augustiner an der Frauenkirche** €-€€, An der Frauenkirche 16/17, Tel. 49776650, www.augustiner-dresden.de, tägl. 10–24 Uhr. Bayrische Gemütlichkeit und original Münchner Bier vom Fass inmitten von Dresden machen das Augustiner zu einem gern besuchten Lokal. In den warmen Monaten sitzt man auf dem Neumarkt und hat die Frauenkirche direkt vor Augen. Bayrische Gerichte dominieren ganz klar die Karte, man findet aber auch österreichische und sächsische Spezialitäten.

32 [C8] **Borowski** €-€€, Prager Straße 8a, Tel. 4906411, www.borowski-dresden.de, So.–Do. 9–24, Fr./Sa. 9–1 Uhr. Beliebtes Restaurant auf der Shoppingmeile von Dresden. Mit Sonnenterrasse und Blick auf das wuselige Auf und Ab der Prager Straße.

33 [gn] **Brauhaus am Waldschlösschen** €-€€, Am Brauhaus 8b, www.waldschloesschen.de, Tel. 6523900, tägl. 11–24 Uhr. Typisches rustikales Brauhausambiente mit Hax'n und Livemusik. Klassiker: knusprig gebratene Schweinshaxe auf Dunkelbiersoße oder ofenwarme Brezel kombiniert mit einem hauseigenen Bier – z. B. einem süffigen Waldschlösschen Dunkel oder dem hellen Waldschlösschen Original. Im Sommer mit großem Biergarten unter freiem Himmel.

34 [B6] **brennNessel** €-€€, Schützengasse 18, Tel. 4943319, www.brennnessel-dresden.de, tägl. 11–24 Uhr. In der brennNessel in der Wilsdruffer Vorstadt „brennt" man für frisch zubereitete vegetarische und vegane Gerichte.

35 [D7] **Burgerei** €-€€, Neumarkt 12, Tel. 49773553, www.burgerei-dresden.de, tägl. ab 9 Uhr (Mai–September) bzw. ab 10 Uhr (Oktober–April). Modern-gemütliches Burger-Restaurant am Neumarkt. Hier kommen nicht nur Liebhaber der klassischen Fleisch-und Fischburger auf ihre Kosten, die Burgerei hat auch vegetarische Varianten im Repertoire. Topaktuell in Sachen Ernährungstrends: Der Gast wählt aus fünf Varianten sein Brötchen (u. a. mit Kartoffelflocken). Empfehlung: Süßkartoffelpommes.

36 [D5] **Die Pastamanufaktur** €-€€, An der Dreikönigskirche 3, Tel. 3237799, http://diepastamanufaktur.de, tägl. 10–22 Uhr. Dem appetitlichen Duft, der

Preiskategorien Lokale

€	Hauptgerichte bis 12 €
€€	Hauptgerichte 12–18 €
€€€	Hauptgerichte ab 18 €

schon auf der Straße in die Nase steigt, kann man nur schwer widerstehen. Im stylisch-modernen Restaurant wird dann der Traum eines jeden Pastaliebhabers wahr: frisch zubereitete Pastavariationen in wöchentlich wechselnden Gerichten. Die hausgemachte Pasta wird auch zum Verkauf angeboten.

37 [D7] **Dresden 1900** €-€€, An der Frauenkirche 20, Tel. 48205858, www.dresden1900.de, Mo.–Do. 8–24, Fr./Sa. 8–1, So. 9–24 Uhr. Dresden 1900 ist ein Museumsgastronomie-Erlebnis: Der Gast bekommt neben traditioneller sächsischer und moderner Küche auch Einblicke in die Dresdner Verkehrsgeschichte – in der Mitte des Restaurants, auf dem Postplatz um 1900, sitzt man direkt neben oder in der „Helene", der **ältesten noch erhaltenen Dresdner Straßenbahn.** Empfehlung: Sächsischer Sauerbraten mit Lebkuchensoße.

38 [E2] **Falscher Hase** €, Rudolf-Leonhard-Straße 3, Tel. 30959112, http://falscher-hase.com, Mo.–Do. 16–22, Fr.–Sa. 12–23, So. 12–22 Uhr. Im Falschen Hasen, Dresdens erstem veganen Restaurant, werden kreative vegane und vegetarische Gerichte serviert. Publikumsliebling ist der Sojasteakburger in klein oder groß. Das Restaurant hat nur ca. 20 Plätze – Reservierung daher empfohlen. Im Sommer kann man auch im Garten sitzen.

39 [C6] **Italienisches Dörfchen** €-€€€, Theaterplatz 3, Tel. 498160, www.italienisches-doerfchen.de, tägl. Mo.–Do. ab 11, Fr.–So. ab 10 Uhr. In den barock ausgestatteten Erdgeschossräumen des Italienischen Dörfchens kann man sich sächsische Klassiker wie Sauerbraten und Quarkkäulchen schmecken lassen – und das in ganz exklusiver Lage an Dresdens Theaterplatz, umgeben von Semperoper, Zwinger und Hofkirche. Eine Etage höher, im **Ristorante Bellotto** (Mo.–Fr. ab 16, Sa./So. ab 12 Uhr),

Gastro- und Nightlife-Areale

Bläulich hervorgehobene Bereiche in den Karten kennzeichnen Gebiete mit einem dichten Angebot an Restaurants, Bars, Klubs, Discos etc.

gibt es gediegene italienische Küche und direkt an der Elbe, im vorgelagerten **Basteischlösschen**, kann man sich Pizza, Pasta und Salate schmecken lassen.

40 [F3] **Lila Soße** €-€€, Alaunstr. 70, Tel. 8036723, www.lilasosse.de, Mo.–Fr. ab 16, Sa./So. ab 12 Uhr. Das Restaurant Lila Soße in der Kunsthofpassage besticht nicht nur durch seinen ungewöhnlichen Namen, sondern auch durch seine junge, moderne deutsche Küche. Ein kulinarischer Genuss und Hingucker sind die kreativen Gerichte im Einmachglas.

41 [jo] **Luisenhof** €-€€€, Bergbahnstr. 8, Tel. 28777830, www.luisenhof-in-dresden.de, Mo.–Sa. 11–23, So. 9–23 Uhr. Hoch oben am Elbhang an der Bergstation der Standseilbahn gelegenes Café-Restaurant mit einer der schönsten Aussichten auf Dresden und die Umgebung. Sehr begehrt ist der Sonntagsbrunch von 9 bis 13.30 Uhr (Reservierung erbeten).

42 [F4] **Pizzeria Toscana** €-€€, Louisenstr. 34/36, Tel. 6567690, www.toscana-in-dresden.de, April–Sept. tägl. ab 11, Okt.–März Mo.–Fr. 11–14.30, 17.30–24, Sa./So. ab 11 Uhr. Pizza, hausgemachte Pasta und leichte italienische Küche – auf zwei Etagen und im Sommer auch im Biergarten.

43 [D6] **Radeberger Spezialausschank** €-€€, Terrassenufer 1, www.radeberger-spezialausschank.de, Tel. 4848660, tägl. ab 11 Uhr. Im ehemaligen Brückenmeisterhaus an der Brühlschen Terrasse gibt es eine naturtrübe und unfiltrierte Bierpezialität – das Radeberger Zwickelbier. In der Kombination mit einer dazu passenden deftigen Speise und dem Blick auf die Elbe ist der Besuch im Restaurant ein Genuss.

44 [D7] **Rauschenbach Deli** €-€€, Weiße Gasse 2, www.rauschenbach-deli.de, Tel. 8212760, Mo.-Mi. 9-24, Do. 9-1, Fr. 9-2, Sa. 10-2, So. 10-24 Uhr. Mit den bodentiefen Fenstern und den Sitzmöglichkeiten draußen ist das Rauschenbach Deli optimal, um zu sehen und gesehen zu werden. Die internationale Küche bietet eine vielfältige Auswahl – vom Rinderfilet-Steak mit Soja-Chili-Lack und Kabeljaufilet auf Zucchini-Spaghetti bis zur Kürbis-Ingwer-Suppe.

45 [jo] **Restaurant & Hotel Schöne Aussicht** €-€€, Krügerstraße 1, Tel. 26667270, www.schoene-aussicht-dresden.de, Restaurant-Öffnungszeiten: Mo., Do. 15-22, Fr. 15-23, Sa. 12-23, So. 12-20 Uhr, Di./Mi. Ruhetag. Hoch oben am Oberloschwitzer Elbhang mitten im Villenviertel gelegenes Restaurant & Hotel mit saisonal geprägter Speisekarte.

46 [D5] **St. Petersburg** €-€€, Hauptstraße 11, Tel. 5633233, www.st-petersburg-dd.de, Mo.-Fr. 11.30-14.30 u. 17-24, Sa./So. 11.30-24 Uhr. Im St. Petersburg sitzt der Gast umgeben von großen Petersburger Stadtansichten edel auf rotem oder grünem Samt und hat je nach Wahl ein traditionelles russisches oder usbekisches Gericht auf dem Teller: Pelmeni, Bœuf Stroganow oder Usbekischer Plow.

47 [B6] **Sushi und Wein** €-€€€, Maxstr. 1, Tel. 30707510, www.sushi-und-wein.de, tägl. 11-23 Uhr. Sushi-Köstlichkeiten wie Makis und Nigiris werden individuell zusammengestellt oder von der Küche miteinander kombiniert – begleitet von Wasabi und eingelegtem Ingwer. Dazu gibt es eine umfangreiche Weinkarte – auch mit sächsischen Weinen.

48 [io] **Villa Marie** €€-€€€, Fährgässchen 1, Tel. 315440, www.villa-marie.de, Mo.-Sa. 11.30-1, So. 10-1 Uhr. Nur wenn man aus dem Fenster schaut oder im Garten sitzt, sieht man, dass man doch nicht in der Toskana ist. Leckere mediterrane Küche, sonntags ab 10 Uhr Brunch, unbedingt vorbestellen!

49 [E3] **Villandry** €-€€€, Jordanstr. 8, Tel. 8996724, www.villandry.de, Mi.-Sa. ab 17 Uhr. Im Villandry werden mit Produkten aus der Region leichte und moderne Gerichte mit mediterranem Touch gekocht. Bedingt durch das saisonal abhängige Produktangebot gibt es wöchentlich wechselnde Menüs.

50 [D5] **Wenzel Prager Bierstuben** €-€€, Königstr. 1, Tel. 8042010, www.wenzel-bierstuben.de, So.-Do. 11.30-22, Fr./Sa. 11.30-23 Uhr. Im Wenzel an der Königstraße kann man das Ambiente wählen – z. B. lichtdurchflutet und luftig im Atrium oder urig-gemütlich im Gewölbe. Es gibt traditionelle tschechisch-böhmische Gerichte und natürlich frisch gezapftes Prager Bier.

(Eis-)Cafés und Imbisse

51 [F4] **Café Blumenau,** Louisenstr. 67, Tel. 8026502, www.cafe-blumenau.de, Mo.-Do. 8.30-23, Fr. 8.30-1, Sa. 9-2, So. 9-21.30 Uhr. Im Café Blumenau sitzt man bei schönem Wetter natürlich draußen – auf gemütlichen und bequemen Lederpolstern, nah am quirligen Treiben der Louisenstraße. Super zum Frühstücken oder für ein entspanntes Mittagessen mit internationalen Gerichten.

52 [F4] **Café Continental,** Görlitzer Str. 1, Tel. 2721722, So.-Do. 8-1, Fr./Sa. 8-3 Uhr (Frühstück 8-16 Uhr), www.cafe-continental-dresden.de. Das Café Continental liegt direkt am Neustädter Knotenpunkt Görlitzer Str./Rothenburger Str./Louisenstraße, WLAN. Die weithin sichtbare, neongrün beleuchtete Bar ist im Dunkeln garantiert nicht zu verfehlen und weist dem durstigen/hungrigen

Nachtschwärmer sicher den Weg zu Tee, Latte macchiato, Cocktails und/oder internationalen Gerichten.

53 [E3] **Café Europa,** Königsbrücker Str. 68, Tel. 8044810, www.cafe-europa-dresden.de, tägl. 0–24 Uhr (Frühstück ab 6 Uhr), WLAN. Anlaufpunkt für Nachtschwärmer und Frühaufsteher gleichermaßen. Das Café Europa ist eine der wenigen Café-Kneipen der Stadt, die durchgehend geöffnet haben. Täglich aktuell liegen nationale und internationale Zeitungen bereit.

54 [F3] **Café Komisch,** Bischofsweg 50, Mo.–Fr. 9.30–18.30, Sa./So. 12.30–18.30 Uhr. *Die* Softeisadresse der Dresdner Neustadt. Der „frisch gezapfte" Klassiker Schoko-Vanille erfreut sich zu Recht großer Beliebtheit, im Sommer heißt es oftmals Schlange stehen.

55 [F4] **Café Neustadt**, Bautzner Str. 63, Tel. 8996649, Mo.–Fr. 7.30–16, Sa./So. 9–16 Uhr. Im Café Neustadt kann man den Morgen prima mit einem Frühstücksmenü beginnen. Zur Wahl stehen z. B. die „Süße Neustadt" (Marmelade und Honig zum Brötchen), „Old England" (deftig mit Schinken und Ei) oder „Krakau" (mit Lachs und Pumpernickel).

› **Café Vis-à-Vis,** den Kaffee auf der Brühlschen Terrasse genießen (s. S. 31)

56 [F4] **Curry & Co.,** Louisenstraße 62, Tel. 0178 8575697, www.curryundco.com, So.–Do. 11–22, Fr./Sa. 11–2 Uhr. Hier geht es um die Wurst: Currywurst geräuchert, gebruht, vom Geflügel oder vom Rind und auch für den Veganer ganz ohne Fleisch. Das Curry & Co. wurde 2016 mit dem Sächsischen Staatspreis für Kommunikationsdesign ausgezeichnet. Laden, Currywurst, Pommes und die selbstgemachten Soßen (Empfehlung: Honig-Senf) stehen dem in nichts nach.

57 [F4] **Dürüm Kebab Haus,** Rothenburger Straße 41, Tel. 8026279, www.durum-kebab-haus.de, tägl. 10–5 Uhr. Das Dürüm Kebab Haus ist Dresdens

EXTRATIPPS

Dinner for one

Allein unterwegs? Das stellt in Dresden kein Problem dar, denn hier kann man sehr gut allein essen gehen – beispielsweise zum Frühstücken ins **Café Neustadt** (siehe links) und zum Mittag- oder Abendessen ins **Rauschenbach Deli** (s. S. 98) in der Weißen Gasse oder in die **Pastamanufaktur** (s. S. 96) neben der Dreikönigskirche.

Lokale mit guter Aussicht

Neben gutem Essen bieten die folgenden Lokale auch eine schöne Aussicht:

› **Burgerei** (s. S. 96): Blick auf die Frauenkirche
› **Radeberger Spezialauschank** (s. S. 97): Blick auf die Elbe
› **Schillergarten** (s. S. 101): Blick auf die Elbe und das Blaue Wunder 52

Für den späten Hunger

Hungrige Nachtschwärmer bekommen hier auch spät noch etwas zu essen:

› **Café Europa** (s. links)
› **Café Continental** (s. S. 98)
› **Dürüm Kebab Haus** (s. links)
› **The Red Rooster** (s. S. 102)

Lecker vegetarisch

Mittlerweile hat jedes gute Restaurant in Dresden eine Auswahl an fleischlosen Gerichten auf der Karte – wer jedoch eine rein vegetarische oder vegane Lokalität besuchen möchte, dem seien diese drei empfohlen:

› **brennNessel** (s. S. 96)
› **Falscher Hase** (s. S. 97)
› **Roots** (s. S. 100)

erste Adresse für einen exzellenten Dürüm aus hausgemachtem Yufkateig, mit Fleisch oder vegetarisch.

58 [F4] **England, England,** Martin-Luther-Straße 25, Tel. 32950150, http://englandengland.de, Di.–Sa. 12–18, So. 10–18 Uhr. Wer im England, England hereinschaut, der wird in eine andere Welt versetzt: zu Besuch in der guten Stube bei einer ehrwürdigen alten englischen Landlady – man hat fast das Gefühl, sich am Eingang die Schuhe ausziehen zu müssen. Die Inhaberin Anke Hoppert hat lange Zeit in England verbracht und sich ihren Traum eines Cafés in der Dresdner Neustadt erfüllt. Im liebevoll überspitzt gestalteten Tearoom verwöhnt sie ihre Gäste mit typisch englischen Genüssen wie *Cream Tea (with homemade scones),* einem kleinen England-Shop und kulturellen Angeboten. Welcome to England!

59 [D8] **Haselbauer Eis-Pavillon,** Dr.-Külz-Ring 14, Tel. 2816539, www.haselbauer-eis.de, Mo.–Sa. 10–20, So. 13–18 Uhr. Das schaumig-vanillige Streicheis zwischen zwei Waffelschalen von Haselbauer hat in Dresden Kultstatus. Probieren lohnt sich.

60 [F4] **Lloyd's café & bar,** Martin-Luther-Straße 17, Tel. 5018774, www.lloyds-cafe-bar.de, Mo.–Do. 8–24, Fr. 8–1, Sa. 9–1, So. 9–19 Uhr. Schräg gegenüber der Martin-Luther-Kirche kann man im Lloyd's mit den einladenden cremefarbenen Ledersitzgarnituren und großen Spiegelflächen stilvoll das nachmittägliche Kaffeekränzchen abhalten oder sich zur gediegenen Abendgestaltung an der Bar einfinden.

61 [C7] **Max Altstadt,** Wilsdruffer Str. 24, Tel. 48433870, tägl. ab 8 Uhr, www.max-dresden.de, WLAN. Der stylische, dunkelbraune Kubus mit viel Glas an der Wilsdruffer Straße ist nicht nur ein architektonischer Hingucker, sondern mit ausreichend Sitzgelegenheiten innen wie außen optimal für eine kleine Verschnaufpause inmitten der City. Mit internationaler Küche für den großen und kleinen Hunger und sonntags Brunch.

62 [E5] **Roots,** Hauptstr. 15, Mo.–Mi. 11.30–16, Do. 11.30–18, Fr./Sa. 11.30–20 Uhr. Der vegan-vegetarische Imbiss ganz in der Nähe der Dreikönigskirche kreiert aus frischen, regionalen Produkten u. a. Burger, in denen jede Menge Wurzelwerk steckt. Beliebt sind auch die Wraps und *Dal* (indische Linsensuppe). Zudem gibt es eine sehr gute Kuchentheke.

63 [F4] **Scheunecafé,** Alaunstr. 36–40, Tel. 8026619, www.scheunecafe.de, Frühstück Sa./So. ab 9 Uhr, Mittagessen tägl. ab 11.30 Uhr. Hier gibt es verführerisch duftende und ebenso leckere vegetarische Gerichte. Das Ambiente und das Publikum sind bunt gemischt, eben typisch Neustadt. Reservierung empfohlen.

64 [F3] **Schokoladenbar,** Alaunstr. 68, www.schokoladenbar-dresden.de, Tel. 27554295, Mo.–Fr. ab 13, Sa./So. ab 11 Uhr. Buntes Sammelsurium an alten Stühlen, Sesseln und Tischen zum gemütlichen Zusammensitzen. Im Angebot sind kühle oder heiße Getränke und kleine, feine Süßspeisen mit – natürlich – Schokolade.

65 [D7] **Trödelschänke,** Gewandhausstraße 9, Tel. 4817048, www.troedelschaenke.de, tägl. ab 11.30 Uhr. Die Trödelschänke ist ein Zeitreise-Erlebnis auf Dresdens Altstadtseite: Zwischen lauter Antiquitäten und kuriosem Trödel genießt ein bunt gemischtes Publikum die selbstgebackene Eierschecke und handgefilterten Bohnenkaffee.

Biergärten

66 [D5] **Elbsegler,** Große Meißner Straße 15, www.westin-dresden.de/biergarten, Tel. 8051717, April–Sept. Di.–Fr. ab 14, Sa./So ab 12 Uhr. Leise im Wind klappernde Fahnenmasten, einzigartiger Ausblick auf Elbe und City – hier lässt es sich herrlich entspannen.

67 [fn] **Fährgarten Johannstadt,** Käthe-Kollwitz-Ufer 23b, Tel. 4596262, www.faehrgarten.de, tägl. ab 10 Uhr. Der gemütliche Biergarten liegt direkt an der Elbe am Fähranleger „Johannstadt" zwischen Albertbrücke und Waldschlösschenbrücke. Frisch Gebrutzeltes vom Holzkohlegrill und frisch Gezapftes locken so manchen Spaziergänger oder Fahrradfahrer in den Fährgarten.

68 [io] **Schillergarten,** Schillerplatz 9, Tel. 811990, www.schillergarten.de, tägl. 11–1 Uhr. Im Sommer ist der Biergarten am Blauen Wunder ein absoluter Besuchermagnet, in der kalten Jahreszeit und falls das Wetter im Sommer nicht mitspielt, findet man im Restaurant Unterschlupf. Neben deftig-bürgerlicher Küche gibt es leckere hausgemachte Patisserieköstlichkeiten und Eiskreationen.

69 [E9] **Torwirtschaft Großer Garten,** Lennéstr. 11, www.torwirtschaft-dresden.de, Tel. 4595200, Biergarten: März–Nov. tägl. ab 11 Uhr, Restaurant: tägl. ab 11 Uhr, WLAN. Leichte und deftige Speisen sowie Getränke zu fairen Preisen. Der Biergarten der Torwirtschaft am Westeingang zum Großen Garten bietet bis zu 900 Gästen Platz.

Dresden am Abend

Nachts sind alle Katzen grau? In Dresden ganz sicher nicht, denn das Nachtleben der Stadt ist bunt, vielschichtig und abwechslungsreich.

Der interessierte Kulturliebhaber kommt hier genauso auf seine Kosten wie der partybegeisterte Nachtschwärmer. Für kulturellen Hochgenuss stehen so erstklassige Häuser wie Semperoper und Staatsoperette, für wunderbares Kabarett z.B. die Herkuleskeule. Klubgänger und Tanzwütige finden in der breiten Auswahl an Kneipen, Bars und Discos – zu beiden Seiten der Elbe – das passende Angebot für ihre Abend- bzw. Nachtgestaltung. Dresdens Neustadt ist hier die unangefochtene Nummer eins: Kneipen, Bars, Klubs und Discos in Hülle und Fülle.

Kneipen und Bars

70 [F4] **Café Combo,** Louisenstr. 66, Mo.–Sa. 8–2, So. 10–1 Uhr, WLAN. In der gemütlichen Retro-Cafébar sitzt man auf Plastik-Möbeln der 1970er-Jahre

Die Münzgasse [D7] ist ein Magnet für Nachtschwärmer

072dn Abb.: br

015dn Abb.: br

oder auf Kissen direkt im Schaufenster und hat das abwechslungsreiche „Programm" auf der Louisenstraße bestens im Blick.

71 [F3] **Frank's Bar,** Alaunstraße 80, Tel. 65888380, www.franksbar.de, tägl. ab 18 Uhr. In der kleinen, feinen und sehr beliebten Cocktailbar in der Neustadt hat der Gast die Wahl aus über 200 Cocktails – wer damit überfordert ist, der nimmt einfach den Cocktail der Woche oder lässt sich vom Barkeeper etwas Überraschendes zaubern. Happy Hour ist jeden Tag von 18 bis 19 Uhr.

72 [D7] **Kowalsky,** An der Frauenkirche 13, Tel. 32367210, www.kowalsky.de, tägl. ab 12 Uhr. Bar in bester Citylage – für alle, die zu später Stunde noch in der Altstadt unterwegs sind und sich nach einem Cocktail oder kleinem Snack sehnen.

73 [E2] **Leonardo – die Kneipe im Hecht,** Rudolf-Leonard-Str. 24, Tel. 40875282, www.leonardo-im-hecht.de, tägl. 18–2 Uhr. Gemütliche Neustädter Stammkneipe im „Hechtviertel". Hier trifft man sich gern mit Freunden auf ein Bier. Ab 22 Uhr ist das Leonardo Raucherkneipe.

74 [E3] **Planwirtschaft,** Louisenstr. 20, www.planwirtschaft-dresden.de, Tel. 8013187, tägl. ab 7.30 Uhr, Sa./So. von 10.15 bis 14 Uhr großes Frühstücksbüfett, WLAN. Die Kultkneipe der Stadt: Herrlich unkonventionell und typisch für die Dresdner Neustadt. Wer in die Stadt kommt, der muss hier einmal rein. Ab 22 Uhr mit hauseigenem Raucherkeller.

75 [F4] **Raskolnikoff,** Böhmische Str. 34, Tel. 8045706, www.raskolnikoff.de, Mo.–Sa. ab 11, So. ab 9 Uhr, WLAN. Das Raskolnikoff, das sich in einem der ältesten Häuser der Neustadt befindet, ist ähnlich wie die Planwirtschaft ein Muss für einen Besuch in Dresdens Kneipenszene. Kunst trifft hier auf leckeres Essen (nicht nur russische Küche) und gemütliche Atmosphäre.

76 [E2] **Terrasse,** Bischofsplatz 2, tägl. 19–2 Uhr. Die Terrasse ist eine sehr beliebte (füllt sich, sobald geöffnet wird) und gemütliche Kneipe in Sichtweite des Filmtheaters Schauburg. Kleine Auswahl an leckeren und günstigen Gerichten. Im Sommer lädt die Dachterrasse zum Chillen ein.

77 [D5] **The Red Rooster – Traditional Pub & Café,** Rähnitzgasse 10, Tel. 2721850, www.redrooster-pub.de, Mo.–Fr. 17–3, Sa./So. 15–3 Uhr, WLAN. Der „Rote Hahn" ist ein typischer, traditioneller und kultiger Irish Pub mit-

ten in der Inneren Neustadt mit irischem Bier, Whiskey, gut gelaunten Menschen und ab und an Livemusik.

78 [F3] **Wohnzimmer,** Alaunstraße/ Ecke Jordanstr. 27, Tel. 5635956, www.wohnzimmer-dresden.de, Mo.–Fr. ab 14.30, Sa./So. ab 13 Uhr. Hier sagt der Name eigentlich alles. Die Einrichtung erinnert an einen Besuch bei Oma oder den gut sortierten Trödelladen. Die gemütlichen alten Polstermöbel laden in zwei großen Räumen und auf einer Galerie zum stilvollen Abhängen ein. Wer während einer Kneipentour durch die Neustadt hier landet und einen Wachmacher braucht, dem sei die Indische Milch empfohlen: sehr würzig und alkoholfrei – für einen klaren Kopf. Sehr gut sind die Sonntagsmatineen.

Discos und Klubs

79 **Bunker Straße E,** Werner-Hartmann-Str. 2, http://bunker-dresden.de, Do. ab 21, Fr./Sa. ab 22 Uhr. Der Bunker (Dark Wave, Depeche-Mode-Partys etc.) ist einer der Szeneklubs im Industriegelände, das Partymöglichkeiten in geballter Form repräsentiert. In alten Industriehallen gibt es für jeden Tanzwütigen das richtige Disco- oder Konzertangebot. Gefeiert wird bis weit in die Morgenstunden hinein.

80 [E4] **Downtown,** Katharinenstr. 11–13, Tel. 8115592, www.downtown-dresden.de, geöffnet: Fr./Sa. ab 22 Uhr. Das Downtown ist die älteste Disco der Stadt. Der Freitag steht ganz im Zeichen der 1970er-, 1980er- und 1990er-Discohits. Samstags gibt es satte Clubsounds.

81 [F3] **Katy's Garage,** Alaunstraße 48, Tel. 6567701, https://katysgarage.de. Katy's Garage ist ein zentral in der Äußeren Neustadt gelegener Klub auf dem Gelände einer ehemaligen Autowerkstatt, was sich unverkennbar in der Einrichtung widerspiegelt. Die Klubwoche hat hier sieben Tage und jeder Tag steht unter einem anderen Motto – z. B. Mi. „Älternabend – Tanzvergnügen für Erwachsene" oder Sa. „Neustadt Disko".

82 [B6] **Kraftwerk Mitte – Musik-Club,** Wettiner Platz 7, Tel. 41884699, http://kraftwerk-club.de, Fr./Sa. 22–5 Uhr. Stylischer Klub im alten Stromwerk des ehemaligen Krafwerk Mitte. Charts, House und Electro.

83 [E3] **Ostpol,** Königsbrücker Straße 47, www.ost-pol.de, Mo.–Do. 20–2, Fr. 21–4, Sa. 21–24 Uhr. Der Name lässt es schon vermuten, hier findet man

Smoker's Guide

Blauer Dunst über Dresden: Vor über 100 Jahren war die Stadt den Rauchfreu(n)den gegenüber sehr positiv gestimmt, denn von 33 deutschen Zigarettenfabriken befanden sich 1880 immerhin 21 in Dresden, erfolgreich gekrönt durch den extravaganten und aufsehenerregenden Bau der Orientalischen Tabak- und Zigarettenfabrik Yenidze 25.

Das deutschlandweite **Rauchverbot** gilt heute selbstverständlich auch in der sächsischen Landeshauptstadt. Grundsätzlich werden Raucher **vor die Tür geschickt,** einige Restaurants, Kneipen etc. nutzen jedoch die Ausnahmen, die im Gesetzestext vermerkt sind, und bieten eigene **Raucherräume** oder sind wegen ihrer Größe (Einraum) gleich komplett als Raucherlocation deklariert. So z. B.:

- **Leonardo** (s. S. 102)
- **Planwirtschaft** (s. S. 102)

Szenig-gemütlich – das Wohnzimmer in der Neustadt

DDR-Reminiszenzen in stilvoll-betagtem 1970er-Jahre-Ambiente. Die musikalische Bandbreite reicht von Pop bis Indie.

84 [F4] **Scheune,** Alaunstr. 36–40, Tel. 8026619, www.scheune.org. Die Scheune hat nicht nur ein gern besuchtes Café (s. S. 100) sondern ist seit fast 70 Jahren eine feste und beim Publikum sehr beliebte Kulturlocation in Dresden mit breit gefächertem Angebot: Konzerte jeglicher Couleur, Filmabende, Lesungen, Comedy und natürlich auch Party und Tanz.

Kabarett

› **Die Herkuleskeule – Dresdens Kabarett-Theater,** Schloßstraße 2 (im Kulturpalast 29), Tel. 4925555, www.herkuleskeule.de, Ticketkasse: Mo.–Fr. 10–19, Sa. 9–14 Uhr, Abendkasse 60 Min. vor Vorstellungsbeginn. Die Herkuleskeule machte sich schon zu „finsteren" DDR-Zeiten mit „hochexplosivem" politischem Kabarett einen Namen diesseits und jenseits des Eisernen Vorhangs. 1987 durfte das Ensemble sogar in den Westen und gastierte gemeinsam mit der „Lach- und Schießgesellschaft" im Münchner Residenztheater. In der Herkuleskeule wurden einige namhafte Kabarettisten/Schauspieler groß, u. a. Wolfgang Stumpf, Uwe Steimle und Manfred Breschke. Letzterer verließ 1997 die Herkuleskeule und gründete mit Thomas Schuch und Monika Breschke ein eigenes Kabarett.

85 [B6] **Dresdner Kabarett Breschke & Schuch,** Wettiner Platz 10, Tel. 4904009, www.kabarett-breschke-schuch.de, Ticketkasse: Di.–Fr. 10–18 Uhr, Abendkasse 60 Min. vor Vorstellungsbeginn. Unterhaltsames politisches Satire-Kabarett in der Wilsdruffer Vorstadt mit eigenem Repertoire und abwechslungsreichen Gastspielen.

Kino

86 [E3] **Filmtheater Schauburg,** Königsbrücker Straße 55, Tel. 8032185, www.schauburg-dresden.de. Die traditionsreiche Schauburg in der Dresdner Neustadt ist so etwas wie der Publikumsliebling der Dresdner Kinogänger. Drei Säle, moderate Preise und herrlich fern vom großen Multiplexzirkus. Neben Kinovorstellungen finden hier auch Konzerte, Lesungen und Festivals statt.

Theater und Konzerte

› **Carte Blanche – Travestie-Revue-Theater** (s. S. 134). Glamouröse, charmante und ebenso witzige Travestieshows lassen „Moulin-Rouge-Feeling" in der Dresdner Neustadt aufkommen.

87 [A7] **Comödie Dresden,** Freiberger Straße 39, World Trade Center, Tel. 866410, www.comoedie-dresden.de, Ticketkasse: Mo.–Sa. 10–18 Uhr, Abendkasse 60 Min. vor Vorstellungsbeginn. Sachsens größtes Privattheater ist nicht nur auf Komödien abonniert. Die Experimentierfreudigkeit zeigt sich am Programm und auch am „C" (statt früher „K") im Namen.

29 [D7] **Kulturpalast.** Der Kulturpalast ist Dresdens zentral gelegene Veranstaltungslocation für Konzerte, Shows und Musicals. Außerdem ist er das Stammhaus der Philharmonie Dresden.

24 [C7] **Schauspielhaus (Staatsschauspiel Dresden).** Dresdens ehemaliges bürgerliches Hoftheater gehört zu den führenden Häusern in der deutschen Schauspiel- und Theaterlandschaft – mit klassischen und zeitgenössischen Inszenierungen.

19 [C6] **Semperoper (Sächsische Staatsoper Dresden).** Ein Konzert- oder Opernbesuch in der Semperoper ist sehr begehrt und ein kultureller Hochgenuss. Wer für die Abendvorstellungen keine

Tickets mehr bekommen kann, dem seien auch die Matineen sonntags um 11 Uhr ans Herz gelegt.

88 [A7] **Staatsoperette Dresden,** Kraftwerk Mitte 1, Tel. 32042222, www.staatsoperette.de, Besucherservice im Kraftwerk Mitte: Mo.–Fr. 10–18, Sa. 16–18.30 Uhr, feiertags geschl. Die Staatsoperette Dresden steht für anspruchsvolles, heiteres Musiktheater von Operette bis Musical: „Die Fledermaus" trifft „My Fair Lady".

89 [D5] **Societaetstheater,** An der Dreikönigskirche 1a, Tel. 8036810, www.societaetstheater.de, Theaterkasse: Di.–Sa. 15–20 Uhr, Mo./So. 2 Std. vor Vorstellungsbeginn. Kartenpreise: 16 €, erm. 6,50–12 €. Städtisches zeitgenössisches Theater an der Hauptstraße mit breitem Repertoire von Sprech- bis Musiktheater.

90 [D6] **Theaterkahn – Dresdner Brettl,** Terrassenufer an der Augustusbrücke, Tel. 4969450, www.theaterkahn.de, Ticketkasse: Mo.–Fr. 11–18 Uhr (außer an Feiertagen). Das gibt es nur in Dresden: Ein ausrangierter Elbkahn mit Theater und Restaurant, der direkt neben der Augustusbrücke auf Altstädter Seite fest vor Anker liegt. Das „Dresdner Brettl" spielt tägl. außer montags alles von Kabarett bis Komödie und hat Platz für 216 Zuschauer.

91 [A7] **tjg. theater junge generation – schauspiel,** Kraftwerk Mitte 1, Tel. 32042777, www.tjg-dresden.de, Tickets 12 €, ermäßigt 6 €, Kinder bis 14 Jahre 5,50 €. Das tjg. theater junge generation ist das zweitälteste Kinder- und Jugendtheater Deutschlands. Kinder, Jugendliche und junggebliebene Erwachsene bekommen ein vielfältiges Programm geboten – Klassiker, Märchen und moderne Inszenierungen. Im Sommer ist das tjg auch mit vielen Open-Air-Aufführungen aktiv – z. B. im Stallhof oder im „Sonnenhäusl" im Großen Garten.

010dn Abb.: br

Dresden für Shoppingfans

Shoppingfans können in Dresden ganz nach Mainstream-Manier in großen Einkaufszentren oder auch – deutlich individueller – in kleineren Läden ihrer Leidenschaft frönen. Ob einschlägig bekannte Ketten oder szenig-bunte Shops, ob mit kleinem Geldbeutel oder ganz exklusiv in der gehobenen Preisklasse – für jeden ist etwas dabei. Als größte Stadt in Ostsachsen ist Dresden auch für die Bewohner des Umlandes die erste Shoppingadresse, daher können die Geschäfte rund um Feiertage sehr überlaufen sein.

Das Zentrum Dresdens kann grob in **fünf konzentrierte Shoppingareale**

Das „Weiße Gold" aus Meißen gibt es in allen erdenklichen Variationen

Shoppingareale

Die wichtigsten Shoppingbereiche der Stadt sind im Kartenmaterial mit einer rötlichen Fläche markiert.

eingeteilt werden: den Altmarkt, die Prager Straße bis hin zum Hauptbahnhof 33, den Neumarkt rund um die Frauenkirche 2, die Innere Neustadt zwischen Hauptstraße und Königstraße, und die Äußere Neustadt zwischen Bautzner Straße [E–G4] und Bischofsweg [F/G3].

Rund um den **Altmarkt** 27 gibt es die ganze Bandbreite an Geschäften vom großen Sportgeschäft bis zur Fastfoodkette und dazu ein großes Einkaufszentrum, die Altmarkt-Galerie. Die **Prager Straße** 32 ist die größte Einkaufsmeile in Dresden. Aus ursprünglich sprödem DDR-Plattenbau hat sich eine moderne und weitläufige Einkaufsmeile entwickelt, die sich vom Dr.-Külz-Ring bis hin zum Hauptbahnhof erstreckt. Neben vielen verschiedenen größeren Ketten wie Globetrotter, Wöhrl, Karstadt gibt es zwei große Einkaufscenter, die Centrum-Galerie und das Kugelhaus am Wiener Platz.

Das **QF Quartier an der Frauenkirche** ist mit seiner exponierten Lage vis-à-vis der Frauenkirche eine exklusive Shoppingadresse in Dresden. In den unteren Etagen des Quartier I am **Neumarkt** 1 laden kleine Läden mit Kunst, Mode, Uhren aus Glashütte oder Meissner Porzellan sowie Restaurants und Cafés zum Bummeln und Genießen ein.

Das sogenannte **Barockviertel** (www.barockviertel.de) in der **Inneren Neustadt** umfasst das Areal zwischen Königstraße und Hauptstraße 42 von der Großen Meißner Straße [D5] bis hin zum Albertplatz 44 und schließt die Rähnitzgasse, die Prisco-Passage und die historische **Neustädter Markthalle** (s. S. 108) ein. Viele der barocken Bürgerhäuser sind saniert worden und präsentieren sich wieder in frischen, bunten Farben und mit stilvollem Fassadenschmuck.

Die **Königstraße** 45 gilt in Dresden als eine der vornehmsten Shoppingadressen. Hier und an den von ihr abzweigenden Straßen finden sich Antiquariate, Boutiquen, Kunstläden, zahlreiche Geschäfte, Cafés und Restaurants. Die autofreie **Hauptstraße** mit ihrem von Platanen gesäumten Mittelgang ist nicht nur wegen dem Goldenen Reiter 41, dem Reiterstandbild Augusts des Starken an ihrer Südspitze, eine gern frequentierte Flaniermeile. Die Straße bietet neben kleinen Läden der **Kunsthandwerkerpassagen** auch Filialen von großen Buch-, Bekleidungs- und Wohnaccessoireketten.

Wer auf der Suche nach **individuellen oder ausgefallenen** Einkaufsideen ist, der wird ganz sicher in der **Dresdner Neustadt** (Äußeren Neustadt) im Umkreis von Alaun- und Louisenstraße [F3] fündig. In konzentrierter Form ist das bunte Neustadt-Shoppingflair in der **Kunsthofpassage** 47 zu finden: Kunst, flippige Mode, Blumen und vieles andere mehr.

Einkaufszentren

- **92** [C7] **Altmarkt-Galerie,** Webergasse 1, www.altmarkt-galerie-dresden.de, Mo.–Sa. 10–21 Uhr
- **93** [C8] **Centrum-Galerie,** Prager Str. 15, www.centrumgalerie.de, Mo.–Sa. 10–20 Uhr
- **94** [D5] **Prisco-Passage,** Wallgäßchen 4/5, www.barockviertel.de

95 [D7] **QF Quartier an der Frauenkirche,** Töpferstraße 6, www.qf-dresden.de, Mo.-Sa. 10-19 Uhr

Märkte und Flohmärkte

96 [D5] **Dresdner Bauernmarkt,** Königstraße, April-Okt. Sa. 9-13 Uhr. Biobauernmarkt mit regionalen Produkten aus ökologischer Herstellung.

97 [F6] **Elbeflohmarkt,** www.elbeflohmarkt.de, ganzjährig Sa. 8-14 Uhr. Der große, waschechte Trödelmarkt direkt an der Elbe am Käthe-Kollwitz-Ufer neben der Albertbrücke mit umfangreichem Angebot von Antiquitäten und Kitsch bis hin zu nützlichem Krimskrams oder Kuriositäten zieht Touristen und Dresdner gleichermaßen an.

98 [E8] **Sachsenmarkt Lingnerallee,** Lingnerallee, April-Okt. Fr. 8-16.30 Uhr. Dresdens größter Wochenmarkt ganz in der Nähe des Hygiene-Museums hat den Fokus auf regionalen Produkten.

99 [G2] **Wochenmarkt Alaunplatz,** Alaunplatz, April-Okt. Do. 9-17, Sa. 9-13 Uhr. Privater Wochenmarkt am Nordzipfel der Äußeren Neustadt.

100 [io] **Wochenmarkt Schillerplatz,** April-Okt. Di./Do. 9-17, Sa. 8-12 Uhr. Kommunaler Wochenmarkt mit frischen Produkten direkt am Fuß des Blauen Wunders.

Schönes und Originelles

101 [E4] **art + form,** Bautzner Straße 11, Tel. 8031322, www.artundform.de. Hier gibt es Kunst und lauter schöne Dinge für sich selbst und andere: kreative Souvenirs, Geschenke oder Mitbringsel.

102 [D7] **BM Geschenke & Ambiente,** An der Frauenkirche 5, Tel. 4906600, www.weihnachtsland-dresden.com. Auf der Suche nach echter erzgebirgischer Volkskunst in Form von Nussknackern, Pyramiden, Räuchermännchen und Ähnlichem ist man hier genau an der richtigen Adresse.

103 [D7] **Dresden Souvenirs,** An der Frauenkirche 19, Tel. 0173 2837419, www.dresden-onlineshop.de/souvenirshops-in-dresden. Ob als Souvenir oder Geschenk für die Daheimgebliebenen: Neben dem Klassiker, der Frauenkirchenuhr mit original Sandsteinbröckchen, gibt es hier jede Menge unterschiedlicher Dresden-Memorabilia.

104 [D5] **Holzkunst Richter-Kunststube,** Am Goldenen Reiter, Hauptstraße 17, Tel. 2882480, Mo.-Fr. 10-18, Sa. 10-16 Uhr. Vom Nussknacker bis zum Räuchermännchen: Original erzgebirgische Volkskunst von namhaften Herstellern – in unmittelbarer Nähe zum Goldenen Reiter.

105 [D5] **Kunsthandwerkerpassagen,** Hauptstr. 9-19, www.barockviertel.de (→ Adressen → Shoppen). In den Kunsthandwerkerpassagen im Barockviertel

Authentische Mitbringsel aus Sachsen: erzgebirgische Schnitzkunst

009dn Abb.: br

der Inneren Neustadt finden sich zahlreiche kleine Läden, die verschiedenste Kunsthandwerkserzeugnisse anbieten und sich in Schauwerkstätten oft sogar über die Schulter blicken lassen.

106 [D7] **MEISSEN Store,** Töpferstraße 2 (im QF), www.meissen.com. Stilvoll-filigranes aus der Manufaktur Meissen – nur echt mit dem typischen Markenzeichen der gekreuzten Schwerter. Filialen im Hotel Hilton Dresden (s. Café Vis-à-Vis S. 31) und in Karstadt (Prager Straße 32).

107 [G3] **Perlenladen Perlaffaire,** Prießnitzstr. 60, Tel. 4269444, www.perlaffaire.de. Hier werden nicht nur Elstern glücklich: Perlen in allen möglichen Farben und Formen, Edelsteine und alles, was man sonst so braucht, um Schmuck – auch direkt vor Ort – selbst herzustellen.

Kulinarisches

108 [C7] **Café Kreutzkamm,** Altmarkt 25, Tel. 4954172, www.kreutzkamm.de. Konditorei-Café mit Tradition (1825 gegründet) – Torten, Baumkuchen und Gebäck zum Genießen vor Ort oder zum Mitnehmen.

109 [io] **Kleinerts Spezialitäten,** Friedrich-Wieck-Straße 45b, Tel. 2633695, www.kleinerts-spezialitaeten.de. Sehr charmant gestaltetes Spezialitätengeschäft und Bistro mit kulinarischen Angeboten der Saison – mitten in Loschwitz, nur einen Katzensprung vom Blauen Wunder entfernt.

113 [E5] **Neustädter Markthalle,** Metzer Straße 1, www.markthalle-dresden.de, Mo.–Sa. 8–20 Uhr, WLAN. Auch wer gerade keinen Bedarf an Lebensmitteln hat, sollte der Markthalle einen (Kultur-) Besuch abstatten und das wunderbare

EXTRATIPP

Sächsischer Wein

Es dürfte sich mittlerweile nicht nur unter Kennern herumgesprochen haben: In Sachsen gibt es ausgesprochen **feine und erlesene Weine** und die reifen in unmittelbarer Nähe von Dresden – im kleinsten Anbaugebiet Deutschlands. Auf über 400 Hektar gedeihen entlang der Elbhänge 48 verschiedene Rebsorten, etwa Scheurebe, Müller-Thurgau oder Silvaner. Bedingt durch Lage und Klima und nicht zuletzt durch die mühevolle Arbeit der Winzer entstehen hier hervorragende Weine **in Spitzenqualität.**

Die goldgelben oder samtroten flüssigen Kostbarkeiten von Schloss Wackerbarth, Hoflössnitz, Schloss Proschwitz, dem Weingut Jan Ulrich oder dem Weingut Joachim Lehmann (Diesbar-Seusslitz) sind vor Ort verkostet ein Genuss, geben aber auch ein hervorragendes **Souvenir oder Mitbringsel** ab.

Empfehlenswerte Probier- und Kaufadressen in Dresden sind:

110 [E4] **edelrausch,** Bautzner Straße 21 (am Albertplatz), Tel. 81033711, www.edelrausch.de. Vinothek und Fromagerie – Weine und Spirituosen aus Sachsen und dem Rest der Welt.

111 [D7] **Sächsische Vinothek an der Frauenkirche,** Salzgasse 2/An der Frauenkirche 13, Tel. 4845200, www.saechsische-vinothek.de. Erlesene Weinspezialitäten aus dem sächsischen Weinanbaugebiet rund um Dresden.

112 [hn] **Weingalerie Dr. Müller,** Kavaliershaus Schloß Albrechtsberg, Bautzner Str. 130, Tel. 2517819, www.winzer-mueller.de. Verkauf und Weinproben im historischen Weinkeller des Kavaliershauses mit exponierter Elbhanglage inmitten des großen Parks von Schloss Albrechtsberg. Termine auf der Website.

Gründerzeitambiente des lichtdurchfluteten Sandsteingebäudes mit kunstvoll gestalteten Eisentreppen genießen.

48 [G4] **Pfunds Molkerei.** Im „schönsten Milchladen der Welt" stehen Milchprodukte aller Art appetitlich präsentiert zum Verkauf.

› **Quendteria,** Altmarkt-Galerie (s. S. 106), Tel. 20615472, www.dr-quendt.de. Verkauf durch den Hersteller: In der Quendteria können die Dresdner Backspezialitäten wie Russisch Brot und Co. probiert und gekauft werden.

114 [F4] **zaffaran – Gewürzatelier & Café,** Martin-Luther-Straße 20, Tel. 89964040, www.zaffaran.de, Di.–Fr. 11–18, Sa. 10–14 Uhr. Gewürze mit allen Sinnen erleben! Im geschmackvoll eingerichteten Laden ist probieren, riechen und schmecken ausdrücklich erwünscht – fachkundige Beratung gibt es durch die Ladeninhaber.

Mode

In den Einkaufszentren und entlang des Altmarkts 27 und der Prager Straße 32 gibt es viele Ableger der großen einschlägig bekannten Modeketten. Kleine, individuelle Labels sind überwiegend in der Neustadt zu finden.

119 [D5] **23 clothing for men and women,** Königstraße 4/Obergraben 21, Tel. 4045369, www.23clothing.de. Modern und funktional gestalteter Laden, der anspruchsvolle Outfits für Männer und Frauen im Programm hat.

120 [F4] **Doppellotte Anziehsachen,** Rothenburger Straße 32, Tel. 2758313, www.doppellotte.de/laedchen. Qualität und coole Prints – bei Doppellotte gibt es individuelle Anziehsachen von bekannten und neuen Marken – frei nach dem Motto: wunderbare Sachen, die das Leben schöner machen.

121 [F3] **LADY YULE – The Vintage Spirit Store,** Alaunstraße 70, Tel. 3226824, http://ladyyule.de. Das Einkleideparadies für Fans von Rock'n'Roll, Pin-Up oder Rockabilly mit einem umfangreichen Sortiment für die ganze Familie.

122 [F3] **Mrs. Hippie – Dresden,** Görlitzer Str. 25, Tel. 8013258, http://mrshippie-dresden.de. Nicht nur für Liebhaber der 1970er-Jahre: Hier gibt es hippe und schicke Klamotten ohne Rücksicht auf gerade angesagte Modetrends.

123 [F4] **Tranquillo Main Store,** Rothenburger Str. 43, Tel. 3205633, www.tranquillo-shop.de/page/tranquillo-store-dresden-neustadt. Neben nachhaltiger Mode für Damen und Kinder hat der Laden auch schöne (Wohn-)Accessoires, allerlei Krimskrams und ausgefallene Möbel im Angebot. Es gibt zwei Filialen:

124 [D3] **Tranquillo Möbellager,** Lößnitzstraße 14, Haus 1, Tel. 4188630

125 [F4] **Tranquillo Outlet,** Louisenstr. 45, Tel. 8115289

EXTRATIPP

Shop 'n' Stop

Für eine Verschnaufpause während oder nach der Shoppingtour bieten sich in der Altstadt wie in der Neustadt viele kleine Cafés oder Bistros an. Im Café Novelle im 3. Obergeschoss im **Haus des Buches** (s. S. 110) lässt es sich gut zur Ruhe kommen und man kann sich umgeben von Büchern mit Kuchen oder kleinen Snacks stärken. Hoch über der Prager Straße im **Borowski** (s. S. 96) sitzend, kann man bei raffinierten kleinen oder großen Speisen das Treiben unter sich beobachten.

Der Besuch in der **Pfunds Molkerei** 48 kann z. B. gleich im Laden mit einem Glas frisch gezapfter Buttermilch abgerundet werden oder mit einer kleinen Stärkung im Restaurant eine Etage höher.

Bücher und Musik

115 [F4] **Der Reisebuchladen,** Louisenstr. 38, Tel. 8996560, www.der-reisebuchladen.de. *Der* Buchladen zum Thema Reise mit Kartenmaterial, Reiseführern etc.

116 [C8] **Haus des Buches – Thalia-Buchhandlung,** Dr.-Külz-Ring 12, Tel. 497360. Dresdens größter Buchladen bietet vier Etagen – das Sortiment ist umfangreich, von Trivialliteratur bis hin zum Fachbuch, vom Hörbuch bis hin zur DVD.

117 [F3] **Richters Buchhandlung,** Förstereistr. 44, Tel. 8014724, http://richtersbuchhandlung.de. Kann man jemandem widerstehen, der mit „Lesen macht schön" wirbt? Kleine, feine Buchhandlung in der Dresdner Neustadt.

118 [E3] **Zentralohrgan,** Louisenstr. 22, Tel. 8010075. Gemütlicher und gut bestückter Secondhandplattenladen für jeden Musikgeschmack mit mittlerweile 20-jähriger Tradition.

Antiquariat und Antiquitäten

126 [cm] **BUCHTEDDY,** Robert-Matzke-Str. 1, Tel. 32348850, www.buchteddy.de, Di.–Fr. 10–18, Sa. 10–14 Uhr. Modernes Antiquariat: Im Angebot sind mehr als 20.000 gebrauchte Bücher aus den letzten Jahren, DDR-Literatur, antiquarische Titel vor 1945 sowie Reprints alter Stadtpläne von Dresden und historischer Wanderkarten.

127 [D5] **Kunst und Antiquitäten Noack,** Königstraße 5, www.antiquitaeten-noack.de, Tel. 8106644. Do./Fr. 15–19, Sa. 10–14 Uhr und nach tel. Vereinbarung. In der sich über mehrere Räume erstreckenden „Antiquitätenpassage" gibt es Möbelstücke aus den verschiedensten Epochen von Barock bis Jugendstil, kostbares Meissner Porzellan, Stand- und Wanduhren sowie (Kunst-)Gemälde.

Dresden zum Träumen und Entspannen

Wer ausgiebig durch die Stadt bummelt und die Sehenswürdigkeiten bestaunt, für den kommt sicher irgendwann der Zeitpunkt, an dem er sich nach einer Verschnaufpause sehnt. Das geht am besten etwas abseits des Trubels und – wenn möglich – in grüner Umgebung. Diese in Dresden zu finden, ist nicht schwer, denn rund zwei Drittel der Stadt sind Wald- oder Grünflächen.

Mitten im Herzen der Stadt macht der **Große Garten** 34 seinem Namen alle Ehre – in dem riesigen Areal lässt es sich prima chillen: mitten auf den Wiesen, auf einer Parkbank oder beim gemütlichen Bootfahren auf dem Carolasee.

Im Altstadtkern findet sich selbst auf der gut frequentierten Brühlschen Terrasse 6 ein ruhiges Plätzchen – z. B. unter schattigen Bäumen im **Brühlschen Garten.** Am **Zwingerteich** kann man mit Blick auf den Zwinger 21 und das goldene Kronentor die Seele baumeln lassen.

Auf Neustädter Seite bietet die von **Platanen begrünte Hauptstraße** 42 mit ihren sanft plätschernden Brunnen und schattigen Parkbänken wunderbare Erholungsmöglichkeiten. Etwas ruhiger, abseits des Boulevards, geht es in den **Hinterhöfen der barocken Bürgerhäuser** hinter den Kunsthandwerkerpassagen (s. S. 107) zu. Wer schon früh morgens den Weg hierher findet, der ist vielleicht sogar der erste im kleinen Kräutergarten neben dem Societaetstheater (s. S. 105) und bekommt am Brunnen des Thomae-Pavillons ein exklusives „Badespektakel" der Vögel geboten.

In der Äußeren Neustadt ist der **Alaunpark** [F2/3] die größte grüne Fläche und wird von den Anwohnern gern für allerlei Zerstreuung an frischer Luft genutzt. Und dann gibt es ja noch die **Elbwiesen.** Sie säumen die sich mitten durch die Stadt schlängelnde Elbe und machen Dresden so besonders. Weitgehend **naturbelassen** sind sie idealer Aufenthaltsort, um träumend im Gras zu liegen, ein kleines Picknick zu genießen oder einfach nur vor traumhafter Kulisse auf einer Bank zu sitzen.

Außerhalb des Stadtkerns sind die **Elbschlösser** (s. S. 76) mit ihren **Parkanlagen** kleine Oasen abseits der Touristenströme und das einstige herrschaftliche Lustschloss Pillnitz 54 mit seinem weitläufigen Park ist nicht nur eine prachtvolle Sehenswürdigkeit, sondern bietet ausreichend Möglichkeiten für kleine und große Pausen inmitten idyllischer Szenerie.

EXTRATIPP

In luftiger Höhe – Ausblicke auf Dresden

Sich in Dresden auf dem Erdboden zurechtzufinden, ist nicht schwer und an Sehenswertem auf Augenhöhe gibt es keinen Mangel. Um das Stadterlebnis noch ein bisschen besonders bzw. abwechslungsreicher zu gestalten, lohnt sich ein **Wechsel der Perspektive.** Es liegt auf der Hand: Es sollte **hoch hinaus** gehen. In Dresden gibt es eine ganze Menge Möglichkeiten, einen Blick von oben auf die Stadt zu werfen – wahlweise per Bahn oder etwas mühsamer zu Fuß.

Direkt im Altstadtzentrum hat man die Wahl zwischen den Türmen der **Frauenkirche** 2, der **Kreuzkirche** 28 oder dem **Hausmannsturm** des Residenzschlosses 12. Im Stadtteil Striesen bietet sich vom **Ernemannturm** (s. S. 77) eine erfrischend andere Perspektive auf die Stadt. Auf Neustädter Seite lädt der Turm der **Dreikönigskirche** 43 zum Aufstieg ein und außerhalb des Stadtzentrums erklimmt man zum Beispiel in der **Schwebebahn** 53 sitzend den Elbhang bis zum Aussichtspunkt.

Einen etwas anderen 360°-Panoramablick bekommt man im **Panometer** 55 im Stadtteil Reick. Auf der imaginären Hofkirche stehend, ist im halbjährlichen Wechsel das Dresden von 1945 oder des 18. Jh. zu betrachten – auf Leinwand gedruckt in nahezu perfekt historischer Illusion.

Panoramablick von der Aussichtsplattform der Schwebebahn 53

019dn Abb.: br

Zur richtigen Zeit am richtigen Ort

In Dresden gibt es das ganze Jahr über Gelegenheiten, zur richtigen Zeit am richtigen Ort zu sein. Ob im Sommer mit Sonnencreme oder im Winter mit Pudelmütze und Glühwein, lässig oder festlich gekleidet, hier findet jeder das passende Ereignis.

Im Frühling

- **Dresdner Kulinaria & Vinum:** Drei Tage im März gehören der Erlebnis- und Verkaufsmesse rund um kulinarische Spezialitäten und köstliche Weine – für Gourmets und solche, die es werden wollen (www.kulinaria-vinum.de).
- **Dresdner Nachtskaten:** Von April bis September verwandelt sich die Stadt freitags um 21 Uhr für ca. zwei Stunden in ein Paradies für Skater, die dann auf verschiedenen Strecken leichtfüßig durch die Stadt rollen – für Anfänger und für Profis geeignet (www.nachtskaten dresden.de).
- **Filmfest Dresden (Internationales Kurzfilmfestival):** Im April werden bei diesem sechstägigen Festival mit nationalem und internationalem Wettbewerb die besten Kurzfilme aus aller Welt prämiert (www.filmfest-dresden.de).
- **Flottenparade der Sächsischen Dampfschiffahrt:** Der erste Tag im Mai wird mit ordentlich Dampf und Livemusik begrüßt. Die Parade der neun historischen Dampfer der „Weißen Flotte" von Dresden nach Pillnitz und retour, ist für die Passagiere wie für die Schaulustigen am Elbufer gleichermaßen ein einzigartiges Erlebnis (www.saechsische-dampf schiffahrt.de).
- **Oberelbemarathon:** Reizvoller Landschaftslauf im Mai entlang des Elberadweges von Königstein im Elbsandsteingebirge nach Dresden (www.oberelbe-marathon.de).
- **Internationales Dixieland Festival:** Acht Tage im Mai ist Dresden stets im Dixiefieber – Deutschlands größtes Jazzfestival lockt jedes Jahr aufs Neue mehrere Hunderttausend Besucher in die Stadt (www.dixielandfestival-dresden.com).
- **Dresdner Musikfestspiele:** An 17 Tagen zwischen Mai und Juni werden an verschiedenen Orten in der Stadt Opern, Ballette und Konzerte aufgeführt (www.musikfestspiele.com).

Im Sommer

- **Karl-May-Festtage in Radebeul:** Im Juni widmet die Große Kreisstadt Radebeul dem Schriftsteller und seinen Helden Winnetou, Old Shatterhand und Co. dieses Fest. Mit oder ohne Federschmuck und Cowboyhut – die Festtage sind auf jeden Fall für die ganze Familie geeignet (www.karl-may-fest.de).
- **Bunte Republik Neustadt (BRN):** Quirliges und bunt gemixtes Stadtteilfest der Äußeren Neustadt im Juni (www.brn-dresden.de).
- **Campusparty:** Traditionell – aber seit 2018 unter neuem Namen – wird im Juni auf dem Campus der Technischen Universität Dresden gefeiert (www.campusparty.de).
- **Fête de la Musique:** Ein Hauch von Paris weht durch die Stadt – verschiedene Künstler musizieren auf den Straßen von Dresden für ihr Publikum.
- **Filmnächte am Elbufer:** Open-Air-Filmgenuss oder -Konzerterlebnis mit nationalen und internationalen Künstlern am Elbufer – immer von Juni bis August. Man kann sich kaum entscheiden, wohin das Auge schauen soll, auf die Kinoleinwand bzw. Konzertbühne oder auf die wunderbare Kulisse der Dresdner

Altstadt im Hintergrund (http://dresden.filmnaechte.de).

- **Dresdner Lange Nacht der Wissenschaften:** In einer Nacht im Juni öffnen von 18 bis 1 Uhr zahlreiche Forschungseinrichtungen, darunter Universität und Hochschulen, ihre Türen für alle großen und kleinen Wissenschaftsinteressierten.
- **Elbhangfest:** Am letzten Juniwochenende wird entlang des Elbhangs zwischen Loschwitz und Pillnitz mit mehr als 200 verschiedenen Veranstaltungen das Elbhangfest zelebriert (www.elbhangfest.de).
- **Museumsnacht:** Anfang Juli kann man an einem Tag bis nach Mitternacht durch ausgewählte Museen der Stadt streifen – ein Highlight nicht nur für Nachtschwärmer (www.dresden.de/museumsnacht).
- **OSTRALE:** Alle zwei Jahre (2019, 2021 etc.) findet von Juni bis September im Dresdner Ostragehege [cn] die internationale Ausstellung für zeitgenössische Künste statt (www.ostrale.de). 2017 kamen mehr als 30.000 Besucher.
- **Dresdner Schlössernacht:** Wundervolle Illuminationen, verschiedene kulturelle Veranstaltungen und ein großes Feuerwerk lassen in dieser Nacht im Juli einen Besuch von Schloss Albrechtsberg 49, dem Lingnerschloss 50 und Schloss Eckberg 51 zu einem besonderen Erlebnis werden (www.dresdner-schloessernacht.de).
- **Palais Sommer:** Kulturfestival im Juli/August im Japanischen Palais 46, s. S. 95
- **CANALETTO – Das Dresdner Stadtfest:** Mitte August wird die Stadt zum Festgelände – von der Hauptstraße bis zum Altmarkt geht es hoch her. Höhepunkte sind unter anderem das Fackelschwimmen in der Elbe, der Dresdner Entencup (Quietscheentenwettrennen für einen guten Zweck) und das Abschlusshöhenfeuerwerk am Elbufer (www.dresdner-stadtfest.com).

EXTRAINFO

Termine

Aktuelle Termine und Informationen zu Veranstaltungen in Dresden gibt es z. B. online unter:

- www.dresden.de (Menü: Kultur/Veranstaltungen)
- www.dresden-veranstaltungen.de
- www.dresdner.nu/timer
- www.sz-online.de/verlag/augusto

- **Tag des offenen Weingutes:** Am letzten Wochenende im August laden die Winzer entlang der Sächsischen Weinstraße zu einem Besuch auf ihre Weingüter ein (www.saechsische-weinstrasse.net).
- **Tag des offenen Denkmals:** Am zweiten Sonntag im September werden zum bundesweiten Tag des offenen Denkmals auch in Dresden die Türen historischer Bauten für interessierte Besucher geöffnet (www.tag-des-offenen-denkmals.de).
- **Dresden Marathon:** Der Citylauf der besonderen Art – auf 42,195 km geht es vorbei an den schönsten Sehenswürdigkeiten der Stadt – findet immer Ende Oktober statt (www.dresden-marathon.com).

Im Winter

- **FIS Skiweltcup Dresden:** Ja, richtig gelesen, Skilanglauf in Dresden! Anfang Januar sprinten die besten Läufer am Elbufer um Weltcup-Punkte – ein besonderes Wintersportevent vor einzigartiger Kulisse. Die Sprinter durchlaufen zweimal eine 900 m lange Strecke entlang der Elbe, Start und Ziel mit großer Skiarena befinden sich am Königsufer 39 vor dem Sächsischen Staatsministerium der Finanzen. 2018 fand der Skiweltcup zum ersten Mal in Dresden statt (www.skiweltcup-dresden.de).

095dn Abb.: fo © Alexander Erdbeer

- **Jazztage Dresden:** Internationales Jazzfestival im November mit Konzerten exzellenter Jazzkünstler und einem stets begeisterten Publikum (www.jazztage-dresden.de).
- **SemperOpernball:** Rauschende Gewänder und kraftvoll-beeindruckende Stimmen – der Dresdner SemperOpernball ist mittlerweile einer der bedeutendsten Bälle Deutschlands. Er wird Anfang des Jahres mit rund 2000 Gästen in der Semperoper und mit Tausenden von Besuchern auf dem Theaterplatz gefeiert (www.semperopernball.de).

Weihnachtsstimmung liegt in der Luft – in Dresden gibt es von November bis Dezember gleich mehrere schöne **Weihnachtsmärkte** – besonders zu empfehlen sind:

- **Dresdner Striezelmarkt:** Dresdens weltweit bekannter Weihnachtsmarkt mit fast 600-jähriger Tradition findet auf dem Altmarkt statt – mit erzgebirgischer Schnitzkunst, leckerem Dresdner Stollen und heißem Glühwein (www.striezelmarkt.de).
- **Advent auf dem Neumarkt:** Historischer Weihnachtsmarkt zu Füßen der Frauenkirche. Das Motto ist Programm – „Weihnachten wie um 1900“ (www.weihnachtsmarkt-dresden-neumarkt.de).
- **Mittelalter-Weihnachtsmarkt:** Ende Nov.–Ende Dez. tägl. 11–21.30 Uhr, Eintritt Mo.–Do. frei, Fr.–So. 3 €, erm. 2 € Im Stallhof des Dresdner Residenzschlosses wird in mittelalterlicher Manier die Adventszeit begangen (www.mittelalter-weihnacht.de).

Der Striezelmarkt lockt Gäste aus aller Welt

DRESDEN VERSTEHEN

081dn Abb.: br

Eine Stadt zwischen Erneuerung, Wandel und Bewahren: Dresden präsentiert sich seinen Besuchern als Stadt mit kurfürstlich-königlicher Geschichte sowie großem architektonischem Erbe und zugleich als moderne Landeshauptstadt im Herzen Europas.

Dresden – ein Porträt

Dresden, die zweitgrößte Stadt Ostdeutschlands, liegt am südöstlichen Rand **Sachsens** – an den Ausläufern des Osterzgebirges, der Oberlausitz und des Elbsandsteingebirges. Auf einer Fläche von 328 km² bettet sich die Stadt in das **Elbtal** und an dessen Hänge. Die **Elbe** schlängelt sich unter einer Handvoll Brücken hindurch und trennt die Neustadt auf der rechten von der Altstadt auf der linken Flussseite. Überall gibt es **grüne Oasen** und wer dem Stadttrubel entfliehen möchte, erholt sich entweder auf den Elbwiesen, in einer der schönen Parkanlagen oder macht einen Spaziergang in der Dresdner Heide. Letztere, im Nordosten Dresdens gelegen, ist die größte geschlossene grüne Fläche und zugleich „hauseigener Stadtwald“. 62 Prozent des Stadtgebiets nehmen Grün- und Waldflächen ein, damit zählt Dresden zu den **grünsten Großstädten Europas.** Nur 20 km stromaufwärts begeistert das **Elbsandsteingebirge** mit pittoresken Felsformationen und lädt zu ausgedehnten Wanderungen oder Klettertouren ein.

Selbst alteingesessene Dresdner erliegen dem **Charme** ihrer Stadt immer wieder aufs Neue, z. B. bei einem Spaziergang über die Augustusbrücke vom Neustadtufer hinüber in die Altstadt. Von der Brücke bietet sich ein toller Blick auf die **barocke Silhouette** der Stadt mit dem Schloss, der Hofkirche, der Brühlschen Terrasse und der großen Kuppel der Frauenkirche. Sie vervollständigt seit 2005 die „Skyline“ Dresdens und hat in kurzer Zeit auch viele ihrem Wiederaufbau skeptisch gegenüberstehende Menschen überzeugt.

Dresden wird oft mit vollmundig klingenden Namen versehen, etwa **„Florenz des Nordens“** oder **„barocke Perle an der Elbe“** und natürlich bietet die Stadt wunderschöne Barock-, Renaissance- und Klassizismusbauten sowie einzigartige Kunstsammlungen. Dresden ist aber mehr

EXTRAINFO

In Dresden nachgezählt

- 1.000.000.000 Euro bringen die **Touristen** jährlich in die Stadt.
- 2.500.000 Besucher kommen jährlich zum **Striezelmarkt** (s. S. 114).
- 1.500.000 Objekte umfassen die **Staatlichen Kunstsammlungen Dresden** (s. S. 90).
- 12.000 Tonnen wiegt die **Kuppel der Frauenkirche** 2.
- 8425 **Originalsteine** wurden für den Wiederaufbau der Frauenkirche genutzt.
- 3000 Quadratmeter Fläche misst die illusionistische **Leinwandkulisse im Panometer** 55.
- 890 Hektar **öffentliches Grün** hat Dresden zu bieten.
- 246 **„Grüne Pfeile“** sind derzeit an Dresdens Ampeln angebracht – das macht Dresden deutschlandweit zur Nr. 1 in Sachen „Grüner Pfeil“.
- 78 **Heiligenfiguren** blicken von der Hofkirche 14 herab.
- 5 Minuten dauert eine Fahrt in der **Schwebe- oder Standseilbahn** 53.

018dn Abb.: br

als nur „Barock“: Die Elbmetropole ist auch ein **traditionsreicher Wirtschaftsstandort.** Zu DDR-Zeiten war die Stadt das Zentrum der Mikroelektronik und heute ist sie die wichtigste deutsche Produktionsstätte der Halbleiterindustrie („Saxony Valley“). Die Technische Universität (TU Dresden) ist eine der elf Exzellenzuniversitäten Deutschlands. Außerdem sind zahlreiche Forschungseinrichtungen wie das Fraunhofer-, das Leibniz- oder das Max-Planck-Institut in Dresden ansässig.

Die **Bombenangriffe** im Zweiten Weltkrieg im Februar 1945 haben **irreparable Schäden** im Stadtbild hinterlassen – vor allem im historischen Stadtkern. Vergleichsweise wenige Gebäude konnten wieder aufgebaut werden, einige Ruinen blieben als Mahnmal bestehen. Große Löcher und Brachflächen wurden zum Teil mit den Bausünden des DDR-Regimes „gestopft“. Seit der Wiedervereinigung Deutschlands hat sich das Stadtbild jedoch stetig verändert. Dabei versuchen die Verantwortlichen eine Gradwanderung zwischen dem Festhalten an alter Baukultur und dem Mut, Neues zu integrieren: **Zeitgemäße urbane Architektur** bestimmt z. B. den modern gestalteten Teil zwischen Rathaus und Hauptbahnhof. Der Neumarkt beeindruckt und überrascht hingegen als **historisch-moderne Rekonstruktion** rund um die in hellem Sandstein erstrahlende Frauenkirche. Der moderne Kubus der Neuen Synagoge passt sich optisch an die historischen Sandsteinfassaden an, besteht aber tatsächlich aus hell gefärbtem Beton. **Offen und transparent** zeigen sich das Landtagsgebäude, das Kongresszentrum und die Gläserne Manufaktur von Volkswagen (s. S. 58).

Auf dem rechten Elbufer finden sich ebenso wie in der Altstadt schöne Beispiele barocker Bauten. Denn die **Innere Neustadt** (s. S. 62) blieb

Die Frauenkirche 2 *im Mittelpunkt des rekonstruierten Neumarkts*

S. 115: Erich-Kästner-Denkmal am Albertplatz 44

westlich der Hauptstraße vom Krieg weitgehend verschont. Östlich davon wurden auf der zerstörten Fläche Plattenbauten hochgezogen. Die **Äußere Neustadt** (s. S. 71) schließt sich nördlich des Albertplatzes und der Bautzner Straße an. Hier ist die lebendige, vielfältige Kultur- und Künstlerszene von Dresden zu finden, außerdem gibt es zahlreiche Kneipen, Klubs und Bars, die bis weit in die Nacht und den Morgen Gäste anziehen.

Dresden ist viel bunter, viel irritierender und viel gegensätzlicher als man gemeinhin annimmt: Gründerzeithäuser, Plattenbausiedlungen, Barockpracht, hochmoderne Stahl- und Glastempel – alles ist im Stadtbild irgendwie vereint.

Von den Anfängen bis zur Gegenwart

Die erste schriftliche Erwähnung findet Dresden 1206 mit einem Satz aus der Feder des Markgrafen von Meißen, der mit seinem Schiedsspruch einen Konflikt beilegte: „acta sunt hec Dresdene" – „geschehen sind diese Dinge zu Dresden".

Die Ursprünge der Stadt liegen im frühen Mittelalter an einer Furt der Elbe nordöstlich des einstigen großen erzgebirgischen Urwaldes. Hier lebten zu beiden Seiten des Flusses **slawische Sumpfwaldleute,** die sogenannten **Dreždany.** Dass die Sumpfwaldleute allerdings nicht die ersten waren, die den Dresdner Raum für sich entdeckten, belegen ca. 6000 Jahre alte Ausgrabungsfunde – die Besiedlungsgeschichte des Dresdner Elbtals beginnt also schon in der Jungsteinzeit.

Zehn Jahre nach der ersten urkundlichen Nennung erhält Dresden **1216** das **Stadtrecht.** Unter Wettiner Einfluss wächst die kleine mittelalterliche Siedlung aus dem Schatten von Meißen heraus und entwickelt sich zur prächtigen Renaissancestadt.

Kurfürst und König **August der Starke** (s. S. 36) gestaltet die Stadt um 1700 mehr und mehr zur **barocken Kunst- und Kulturmetropole** aus – ein Mythos wird begründet. Er haftet Dresden bis heute an, obwohl doch eigentlich die Architektur des ausgehenden 19. und des 20. Jahrhunderts die Stadt dominiert.

Bis zum Ausbruch des **Zweiten Weltkriegs** gilt Dresden als eine der schönsten Städte Europas – reich an prachtvollen Gebäuden, voller Kunstschätze und idyllisch am Elbufer gelegen. Die Stadt wird jedoch während **massiver Luftangriffe** alliierter Bomber, die vom 13. bis zum 15. Februar 1945 andauern, fast vollständig zerstört, übrig bleibt eine Wüste aus Trümmern und Ruinen.

In der Zeit zwischen 1945 und 1990 liegen weite Flächen der Stadt brach, manche Gebiete werden mit Nachkriegsbauten versehen. Ausgewählte historische Gebäude werden rekonstruiert, so z. B. die Semperoper **19**. Seit der Wiedervereinigung 1990 versucht die Stadt einen Spagat zwischen historisch korrektem Wiederaufbau, dem Ausbessern sozialistischer Bausünden und moderner Stadtgestaltung.

1.–6. Jh. Keltisch-germanische Niederlassungen im Elbtal

um 600 Gründung slawischer Siedlungen

929 Der ostfränkische König Heinrich I. lässt die Burg Meißen errichten.

1089 Heinrich I. aus dem Adelsgeschlecht der Wettiner wird Markgraf von Meißen. Der Markgraf baut eine Burg auf dem

Taschenberg, in deren Nähe sich Kaufleute ansiedeln.

1206 Erste urkundliche Erwähnung als „Dresdene" in einem Schiedsspruch des Markgrafen von Meißen

1216 Dresden erhält von Markgraf Dietrich das Stadtrecht.

1287 Die erste Steinbrücke überspannt an der Stelle der heutigen Augustusbrücke die Elbe.

1349 In und um Meißen und in Dresden wütet die Pest. Die Epidemie dient als Vorwand für einen Pogrom gegen Juden.

1403 Das rechtselbische Altendresden (heute die Innere Neustadt) erhält durch Wilhelm I. das Stadtrecht, bleibt aber rechtlich unselbstständig.

1413 Die markgräfliche Burg am heutigen Schlossstandort wird erstmals schriftlich erwähnt.

1429 Während der Hussitenkriege wird Altendresden in Brand gesetzt.

1434 Kurfürst Friedrich der Sanftmütige erlaubt der Stadt, an einem Tag in der Woche und zur Weihnachtszeit (später Striezelmarkt) einen Fleischmarkt abzuhalten.

um 1440 Etwa 3000 Menschen wohnen in Dresden, in Altendresden werden ca. 1000 Einwohner gezählt.

1485 „Wettinische Teilung": Die Söhne von Friedrich dem Sanftmütigen, Kurfürst Ernst und Herzog Albrecht, teilen wegen unüberbrückbarer Differenzen das Wettinische Territorium auf. Albrecht wählt das Herzogtum Sachsen, Ernst wird Kurfürst von Thüringen. Infolge der Teilung wird Dresden zur Residenzstadt des Herzogtums Sachsen.

1491 Im linkselbischen Dresden wütet eine Feuersbrunst – mehr als die Hälfte der Gebäude wird zerstört.

1521 In Dresden wird die Bannbulle von Papst Leo X. gegen Luther bekannt gegeben, es kommt zu Unruhen.

1535 Der Georgenbau, das erste Renaissancegebäude in Dresden, wird fertiggestellt.

1539 Herzog Heinrich der Fromme führt nach dem Tod seines Bruders, Herzog Georg des Bärtigen, in Dresden die Reformation ein. Georg sprach sich zeitlebens gegen die Reformation aus.

1547 Die „Moritzzeit" beginnt: Herzog Moritz lässt sich im Juni 1547 zum Kurfürsten ausrufen. Er gilt als Verräter des protestantischen Glaubens („Judas von Meißen"). Dresden wird zur ständigen Residenz der Albertinischen Wettiner.

1548–1556 Kurfürst Moritz lässt das alte burgartige Schloss zum Renaissanceschloss umgestalten.

1549 Um wirtschaftliche Streitigkeiten beizulegen, verliert Altendresden seine Selbstständigkeit und wird Dresden unterstellt.

1631 Dreißigjähriger Krieg: Altendresden hält einem Überfall der Kroaten erfolgreich stand.

1678 Der erste Barockbau der Stadt entsteht: das Palais im Großen Garten.

1685 Erneut gibt es einen großen Brand in Altendresden. Fast die gesamte Stadt wird zerstört, ihr Wiederaufbau (zur

020dn Abb.: br

⊡ *Die prägende Figur der Stadt: August der Starke (s. S. 36)*

Neuen Königstadt) erfolgt nach völlig neuem Konzept und dauert mehrere Jahrzehnte.

1694 Friedrich August I. (August der Starke) wird Kurfürst von Sachsen. Zahlreiche prächtige Bauten entstehen in und um Dresden. Friedrich Augusts Herrschaft und die seines Sohnes Friedrich August II. gilt als Glanzzeit der Stadt und geht als Augusteisches Zeitalter in die Geschichte ein.

1697 August der Starke konvertiert zum Katholizismus, um König von Polen werden zu können.

1733 August der Starke stirbt in Warschau.

1756 Der Preußenkönig Friedrich II. nimmt Dresden ein. Ausbruch des Siebenjährigen Krieges, Sachsen wird wiederholt zum Schauplatz blutiger Kämpfe.

1772 In Dresden leben ca. 54.000 Menschen.

1807 Napoleon erhebt Kurfürst Friedrich August den Gerechten zum König und Sachsen wird Königreich.

1809 Die Festung um die Stadt wird aufgebrochen und das Stadtbild öffnet sich.

1849 Revolution! Der Maiaufstand auf dem Altmarkt – der Ruf des Volkes nach Demokratie – wird blutig niedergeschlagen.

ab 1870 Wirtschaftlicher Aufschwung in Dresden, namhafte Wirtschaftsunternehmen sind in der Stadt ansässig, der König-Albert-Hafen macht Dresden zur Hafenstadt. Die Zahl der Bürgerhäuser im überwiegend höfisch geprägten Stadtbild wächst ständig, die größte Kasernenstadt Deutschlands, die Albertstadt, entsteht.

1875 Etwa 200.000 Einwohner leben in Dresden, 20 Jahre später sind es schon ca. 350.000.

um 1900 Dresden ist eine der bedeutenden Metropolen im Deutschen Kaiserreich.

1904 König Georg stirbt, die Monarchie in Sachsen kommt ins Wanken.

1905 Viele Vororte werden nach Dresden eingemeindet. Die Stadt hat über 500.000 Einwohner und wird zur viertgrößten Stadt des Deutschen Kaiserreichs.

1905 Vier Architekturstudenten (Ernst-Ludwig Kirchner, Karl Schmidt-Rottluff, Fritz Bleyl, Erich Heckel) gründen die expressionistische Künstlergruppe „Die Brücke". Dresden entwickelt sich zum Zentrum des deutschen Expressionismus.

1914 Ausbruch des Ersten Weltkriegs. Friedrich August III. verzichtet am 9. November 1918 auf den Thron und besiegelt damit das Ende der Monarchie in Sachsen.

1919 Sachsen wird nach der Auflösung des Königreichs zum Freistaat mit Dresden als Landeshauptstadt.

1933 Machtübernahme der Nationalsozialisten

1938 Während des Novemberpogroms wird die Dresdner Synagoge zerstört.

1942/1945 Die Dresdner Juden werden nach Theresienstadt und Auschwitz deportiert.

13. Februar 1945 Bombenangriffe der Alliierten. Das historische Dresden und Teile der Inneren Neustadt werden in Schutt und Asche gelegt (mind. 20.000 Tote).

7.–8. Mai 1945 Die Rote Armee besetzt die Stadt. Eine Zeit zwischen Trümmern und Wiederaufbau steht bevor.

1949 Gründung der DDR

1952 Auflösung der Länder, die DDR wird in 14 Bezirke unterteilt, Dresden wird Hauptstadt des „Bezirks Dresden".

1953 Walter Ulbricht legt am Altmarkt den Grundstein für die „sozialistische Großstadt" Dresden. Das historische Dresden wird entkernt und nach und nach wieder bebaut. Sozialistisch geprägte Gebäude entstehen: Bauten an der Prager Straße, der Fernsehturm, der Kulturpalast und unzählige eintönige Plattenbausiedlungen.

Die Waldschlösschenbrücke

„Färdsch" – so titelte die Sächsische Zeitung 2013. Nach sechsjähriger Bauzeit konnte die Waldschlösschenbrücke eröffnet werden. Die moderne, 635 Meter lange Brücke hatte viele Jahre die Gemüter von Befürwortern und Gegnern erhitzt und stand im Kreuzfeuer der Kritik. 2009 gipfelte die Entrüstung über den Bau in der Aberkennung des UNESCO-Welterbetitels „Kulturlandschaft Dresden". An der breitesten Stelle der Dresdner Elbauen [gn] verbindet sie die Radeberger Vorstadt mit der Johannstadt.

Seit dem Brückenstreit kennt übrigens auch jeder in Dresden die sogenannte Kleine Hufeisennase. Sie ist eine vom Aussterben bedrohte Fledermaus in den Elbauen und bekam durch den Brückenbau nicht nur große mediale Beachtung, sondern brachte ihn auch drei Monate lang zum Erliegen. Nachts denken die Autofahrer noch immer an sie, denn zu ihrem Schutz gilt Tempo 30 auf der Brücke.

17. Juni 1953 Volksaufstand gegen das SED-Regime. Auch in Dresden finden Demonstrationen statt.

1956 Die Sowjetunion gibt erbeutete Kunstschätze zurück. Die Gemäldegalerie kehrt heim nach Dresden.

1977 Beginn des Wiederaufbaus der Semperoper

1985 Wiedereröffnung der Semperoper. 200.000 Dresdner feiern auf dem Theaterplatz.

1989 40 Jahre DDR – die Unzufriedenheit mit dem Regime hat ihren Höhepunkt erreicht. In der Nacht zum 5. Oktober finden Auseinandersetzungen rund um den Hauptbahnhof statt. Die Mauer fällt.

1990 „Ruf aus Dresden" in die Welt – mit dieser Schrift setzt sich eine Bürgerbewegung für den Wiederaufbau der Frauenkirche ein.

1990 Dresden wird Landeshauptstadt des Freistaates Sachsen.

1993 Beginn des Wiederaufbaus der Frauenkirche

2002 Das erste Jahrhunderthochwasser trifft Dresden. Der höchste Pegelstand der Elbe in Dresden liegt bei 9,40 m.

2004 Das Dresdner Elbtal wird UNESCO-Weltkulturerbe.

2005 Die „steinerne Kuppel" erhebt sich wieder über der Stadt. Die Frauenkirche wird feierlich geweiht und komplettiert die Dresdner Stadtsilhouette.

2006 Dresden feiert seinen 800-jährigen Geburtstag.

2009 Brückenstreit: Die UNESCO erkennt wegen des Baus der Waldschlösschenbrücke Dresden den Welterbetitel ab.

2013 Das zweite Jahrhunderthochwasser überschwemmt einige äußere Stadtteile von Dresden. Die Altstadt bleibt weitestgehend verschont.

2017 Nach fünfjährigem Umbau und einer damit einhergehenden Schließung eröffnet im April der Kulturpalast 29.

2018 Im Januar findet zum ersten Mal am Dresdner Königsufer der FIS Skiweltcup statt (s. S. 113).

2019 Das 300-jährige Jubiläum der Hochzeit von Friedrich August II. und der Tochter des österreichischen Kaisers Joseph I., Maria Josepha, wird zum Anlass genommen, dieses Ereignis an den Originalschauplätzen wieder lebendig werden zu lassen – etwa dem Dresdner Zwinger, dem Japanischen Palais, den Elbwiesen oder dem Großen Garten.

Leben in der Stadt

Als **Landeshauptstadt des Freistaates Sachsen** ist Dresden das politische Zentrum des Bundeslandes. In der Stadt haben der Sächsische Landtag, die Sächsische Staatskanzlei und alle Landesministerien ihren Sitz. Tag für Tag wird hier Politik gemacht. Dirk Hilbert (Unabhängige Bürger für Dresden e.V.) regiert seit dem 3. September 2015 als **Oberbürgermeister** und leitet die Stadtverwaltung. Er wird von sieben Beigeordneten der unterschiedlichen Geschäftsbereiche, den sieben Bürgermeistern, unterstützt. Dass und wie sie Dresden entwickeln, sehen die Dresdner jeden Tag: **Es wird gebaut** – auf den Straßen der Stadt, rund um den Neumarkt.

Der **kulturelle Reichtum** der Stadt lässt sich ohne einen Blick in die Vergangenheit und ohne die Erinnerung an die Künstler, Musiker, Schriftsteller, Architekten, Forscher und Wissenschaftler, die Dresden geprägt haben, kaum erfassen. Die Stadt lebt jedoch nicht nur im Hier und Jetzt oder verharrt in der Erinnerung an ihre Geschichte. Sie entwickelt sich weiter. Dresden ist **Kunst- und Kulturstadt**, aber auch ein **Technologiestandort** mit **neun Hochschulen** und der **Technischen Universität** mit mehr als 33.000 Studierenden (2017). Konnte Erich Kästner noch behaupten, Leipzig sei die Wirklichkeit und Dresden das Märchen, so darf und muss Dresden längst beides für sich reklamieren.

Immer mehr Menschen wollen in Dresden leben und ihre Zukunft verbringen, die Stadtbevölkerung wächst. Dresden verzeichnet **mehr Zu- als Wegzüge** bei einer weiterhin hohen Geburtenrate. **557.043 Menschen** leben nach Angaben der Meldebehörde in der Stadt (1. Quartal 2018). Dresden liefert sich seit Jahren mit Leipzig ein Kopf-an-Kopf-Rennen, wer mehr Einwohner hat. Wer es sich leisten kann, wohnt am Elbhang im Weißen Hirsch, in Blasewitz und Strießen. Studenten zieht es in die Äußere Neustadt und das Hechtviertel. Durchschnittlich leben auf einem Quadratkilometer des Stadtgebiets 1600 Einwohner. Die am dichtesten besiedelten Stadtteile sind Blasewitz und Cotta, beide befinden sich auf dem linken Elbufer. Der Norden und Teile des äußeren Südwestens sind deutlich „luftiger" bewohnt. Die Stadt rühmt sich zu Recht ihrer Kirchen, in Dresden sind jedoch 80 Prozent der Bevölkerung **nicht konfessionell gebunden.** Knapp 7,4 Prozent der Dresdner Einwohner kommen aus **fremden Kulturen** – damit liegt die Stadt deutlich unter dem Bundesdurchschnitt von 11,7 % (2017). Den größten Anteil der Dresdner mit ausländischen Wurzeln nehmen unter anderem Staatsangehörige aus Russland, Syrien und Polen ein.

Der **Tourismus** mit fast **einer Milliarde Euro Umsatz** ist ein wichtiger Wirtschaftsfaktor und sichert 20.000 Arbeitsplätze in der Stadt: 2017 kamen 2.173.407 Millionen Gäste nach Dresden, die meisten davon aus Deutschland. Bei den Besuchern aus dem Ausland kamen die meisten aus den USA, gefolgt von Gästen aus der Schweiz und Österreich.

Noch wichtiger als der Tourismus sind mit mehr als 40.000 Arbeitsplätzen die **Mikroelektronik** und die **Informations- und Kommunikationstechnologie.** Mehr als sieben Milliarden Euro sollen seit 2002 in Dresden in diese Bereiche investiert worden sein.

Den **typischen Dresdner** gibt es eigentlich nicht. Die Stadt hat viele Facetten und so unterschiedlich sind die Menschen, die hier leben. Durch die

Säggs'sch (Sächsisch)

*Das eleganteste Sächsisch wird natürlich in Dresden gesprochen – **nu glor!** Völlig unverständlich gehört der sächsische Dialekt zu den unbeliebtesten in ganz Deutschland und wird oft ganz fürchterlich **verhohnepipelt.** Vielleicht ist es ja die Angst vor „seiner Doppeldeutigkeit und philosophischen Tiefe", die „subversives Potenzial" in sich birgt, so der Journalist und Autor Peter Ufer in seinem „Gogelmosch – Dem Wörterbuch der Sachsen".*

*Freuen Sie sich drauf, wenn Sie von einem waschechten Sachsen eine kleine Lektion in sächsischer Sprachkunde bekommen – ganz ohne großen **Sums.** Wenn er **nuschln** sollte, dann liegt es vielleicht nur daran, das er ein **Bongsel** im Mund hat und deshalb etwas undeutlich spricht. **Rähchnwährmorrgriechn,** könnte die Antwort sein, wenn sie nach dem Wetter fragen. Und wenn er das Bier **bubsch** schimpft, dann schmeckt es fad.*

***Eiforbibsch,** wird sich jetzt vielleicht so mancher denken, aber Sächsisch macht Spaß, lassen Sie sich drauf ein und erwidern sie eine Frage gern mal mit einem beherzten „nu" statt dem schnöden „ja". Aber versuchen Sie bloss nicht, das Sächsisch gänzlich nachzuäffen, denn solche Versuche enden meist kläglich und könnten Ihr Gegenüber ganz schön meschugge machen.*

- *„Der Große Gogelmosch – Das Wörterbuch der Sachsen" – edition Sächsische Zeitung, 2010*
- *Lyrisch verpacktes Sächsisch bekommt man z. B. bei Lene Voigt in „Säk'sche Glassigger", rororo Taschenbücher, 1990.*

vielen Studenten liegt der **Altersdurchschnitt mit 42,9 Jahren** niedriger als im restlichen Sachsen, wo die Menschen im Schnitt 46,7 Jahre alt sind. Die Dresdner sind selbstbewusst. Der italienische Schriftsteller Umberto Eco brachte es auf den Punkt: „Die Dresdner fragen einen gar nicht, ob einem die Stadt gefällt. Sie sagen es einem."

Dresden – ein Erinnerungsort

Dass die Stadt Dresden ein deutscher Erinnerungsort ist, scheint außer Frage zu stehen: kurfürstliche Residenz, Schönheit der Barock-Architektur, Imaginationszentrum der Romantik, Zerstörung im Zweiten Weltkrieg, sozialistische Bezirkshauptstadt.

2018 gedachten 11.500 Dresdnerinnen und Dresdner der Bombardierung der Stadt mit einer Menschenkette, die das gesamte Stadtzentrum umschloss. Auch mehr als 70 Jahre nach Ende des Zweiten Weltkriegs prägen die Diskussionen und Auseinandersetzungen darüber, wie an die Zerstörung angemessen erinnert werden kann, die Stadt.

Als in der Nacht des 13.2.1945 769 Lancaster-Maschinen der Royal Air Force Dresden überflogen, warfen sie über 2600 Tonnen Bomben ab, am 14.2. folgten 311 Kampfflieger der Amerikaner mit weiteren 700 Tonnen. Danach glich Dresden einer Trümmerwüste. Mindestens 20.000 Menschen kamen ums Leben. Von der einst glanzvollen Stadt blieb nur eine Ruinen-Landschaft übrig. Die Panoramaprojektion „Dresden 1945" im **Panometer** 55 macht dies beklemmend anschaulich. Wenn nun aber jedes Jahr am 13. Februar um

21.45 Uhr in Dresden die Kirchenglocken erklingen, dann läuten sie zum Gedenken und gegen das Vergessen der Opfer von Krieg und Gewaltherrschaft und fordern dazu auf, dass diese Erinnerung nicht von Neonazis für ihre Zwecke missbraucht werden darf.

Eine wichtige Erinnerungsstätte ist das Militärhistorische Museum 56 in der Albertstadt. Aus dem langgestreckten klassizistischen Bau ragt ein **80 m langer und 30 m hoher Keil** heraus. Die Architektur des Amerikaners Daniel Libeskind und die Museumskonzeption sind gleichermaßen beeindruckend: Im Mittelpunkt der Ausstellung steht der Mensch – als Täter, Opfer, Zuschauer, Soldat und Zivilist. Gewalt wird als historisches, anthropologisches und kulturelles Phänomen thematisiert. Einfache Antworten gibt es hier nicht. Das Museum wagt darüber hinaus ganz bewusst den Brückenschlag zwischen Vergangenheit und Gegenwart, denn die Keilspitze zeigt auf das Stadion am Ostragehege. Dort markierten die alliierten Bomber mit Leuchtmunition am 13. Februar 1945 das Zielgebiet ihres Angriffs, der in einem 40°-Winkel geflogen wurde. Genau diesen Winkel nimmt der Libeskind-Keil auf.

Die Erinnerung an die **DDR** hat in Dresden in der **Gedenkstätte Bautzner Straße** (s. S. 90), der einstigen Stasi-Zentrale der Stadt, ihren Platz. Dort präsentiert sich die Gedenkstätte mit großzügigen Ausstellungsräumen.

Pegida

Seit Oktober 2014 sind in der Innenstadt Sprechchöre wie „Volksverräter" und „Lügenpresse" zu hören. Auch das ist mittlerweile ein Teil von Dresden. Die Demonstranten folgen dem Aufruf des Vereins „Pegida" („Patriotische Europäer gegen die Islamisierung des Abendlandes"). Verfassungsschutzbehörden, Wissenschaftler und Religionsgemeinschaften warnen vor Rechtspopulismus, Nationalismus, Islam- und Fremdenfeindlichkeit, die von den Kundgebungen ausgehen.

Konnte der Verein zu Beginn bis zu 25.000 Menschen mobilisieren, so kommen seit Herbst 2016 noch etwa 2000 Personen zu den Kundgebungen. Zum 4. Jahrestag der islamfeindlichen Organisation Ende Oktober 2018 waren die Gegendemonstranten zum ersten Mal in der Überzahl: Mehr als 10.000 Menschen protestierten in der Dresdner Innenstadt unter dem Motto „Herz statt Hetze" gegen Rassismus und Fremdenfeindlichkeit. An der Pegida-Kundgebung, die gleichzeitig vor der Frauenkirche stattfand, nahmen rund 4000 Personen teil.

Wirken sich die Demontrationen auf Dresdens Image aus? Der Nobelpreisträger Prof. Günter Blobel, der 1,8 Mio. D-Mark für die Frauenkirche spendete, erklärte 2017 kurz und bündig: „Pegida schadet Dresdens internationalem Ruf enorm!"

Was meinen die Dresdnerinnen und Dresdner? Seit 1993 führt die Stadt eine Bürgerumfrage durch. In der 2017 veröffentlichten Auswertung spielt „Pegida" zum ersten Mal eine prominente Rolle. „Pegida" wird von den Befragten zu den drei größten Problemen der Stadt gezählt. Nur eine Minderheit von 40 % hält Dresden für weltoffen, 2014 waren es noch mehr als 60 %, 2012 mehr als 70 %.

PRAKTISCHE REISETIPPS

082dn Abb.: br

An- und Rückreise

Dresden verfügt in seiner „Randlage“ im Osten Mitteldeutschlands über eine sehr gute Anbindung an das regionale, nationale und internationale Verkehrsnetz. Ob mit Flugzeug, Bahn oder dem eigenen Auto – Dresden ist unkompliziert zu erreichen.

Mit dem Auto

Die Stadt liegt verkehrsgünstig am Tangentengeflecht der Autobahnen A13/A4/A17. Von Norden her auf der A13/A4 oder von Osten auf der A4 nimmt man die Ausfahrt „Dresden-Hellerau“ und gelangt auf der B170 ins Zentrum. Aus westlicher Richtung auf der A4 oder aus Süden auf der A17/A4 fährt man bis zur Abfahrt „Dresden Altstadt“ und dann auf der B6 in die Altstadt.

Weitere Ausfahrtmöglichkeiten sind „Dresden Flughafen“, „Dresden Neustadt“ und „Dresden Wilder Mann“.

Mit dem Zug

In Dresden gibt es zwei Bahnhöfe – den Neustädter Bahnhof auf der Neustädter Seite und den Hauptbahnhof auf der Altstadtseite. Die Fernzüge haben oftmals nur den Hauptbahnhof als Endstation, Regionalverbindungen halten in der Regel auch am Neustädter Bahnhof. Von beiden Bahnhöfen ist man zu Fuß oder mit der Straßenbahn schnell im Stadtzentrum. Auskunft zu Fernverbindungen (mit ICE oder Nachtzug) sind unter www.bahn.de zu erhalten.

› **Neustädter Bahnhof** (in Reichweite des Albertplatzes), Tramhaltestelle: Bahnhof Neustadt

33 [C9] **Hauptbahnhof,** Tramhaltestelle: Hauptbahnhof oder Hauptbahnhof Nord

Mit dem Flugzeug

Der Flughafen **Dresden International** ist das Tor für nationale und europäische Flugverbindungen. Es gibt innerdeutsche Direktverbindungen von Düsseldorf, Frankfurt am Main, Köln/Bonn, München und Stuttgart sowie direkte Flugrouten von Amsterdam, Basel, Moskau und Zürich.

Vom Flughafen ist man mit der **S-Bahn-Linie 2** in ca. 13 Minuten am Bahnhof Neustadt oder in ca. 21 Minuten am Hauptbahnhof. Die S2 verkehrt alle 30 Minuten von der Station **Dresden-Flughafen** (im Tiefgeschoss des Flughafenterminals).

› Flughafenstraße in Dresden-Klotzsche (im Norden der Stadt), www.dresden-airport.de, Flughafen-Information Tel. 8813360

Mit dem Bus

Dresden ist von mehr als 300 Abfahrtsorten bequem per Fernreisebus erreichbar. Der **FlixBus** hat gleich zwei Haltestellen in Dresden: Bayrische Str. (hinter dem Hauptbahnhof) und Schlesischer Platz (vor dem Bahnhof Neustadt).

› www.flixbus.de

▷ *Ein übersichtliches Parkleitsystem führt Autofahrer zu freien Plätzen*

◁ *Vorseite: Auf den Loschwitzer Villenhügel gelangt man u. a. mit der Standseilbahn* 53

Autofahren

Innerhalb von Dresden ist man grundsätzlich **nicht auf das eigene Auto angewiesen,** denn das ÖPNV-Netz ist sehr gut ausgebaut und die wichtigen Sehenswürdigkeiten auch zu Fuß zu erreichen. In der **Äußeren Neustadt** sollte man nicht nur wegen der engen Straßen und knappen Parkplätze grundsätzlich komplett auf das Auto verzichten, sondern auch deshalb, weil sich das Viertel **am besten zu Fuß** entdecken lässt.

Wie in allen größeren Städten gilt es auch in Dresden, die **Rushhour zu meiden.** In diesen verkehrsintensiven Zeiten sind nicht selten die Hauptverkehrswege inklusive Brücken verstopft und verlangen dem Autofahrer eine große Portion Geduld ab. Eine Autofahrt in die Stadt sollte auch an Tagen mit besonderen Veranstaltungen wie Dampferparade, Stadtfest oder Striezelmarkt eher vermieden werden, denn dann sind nicht nur viele Menschen unterwegs, sondern auch die Parkplätze rar.

Die Parkplatzsituation in Dresden ist sonst recht entspannt. Es gibt in der Innenstadt **ausreichend Parkraum (ca. 9000 Parkplätze)** und die Suche nach einem freien Platz wird durch ein dynamisches **Parkleitsystem** innerhalb der Stadt erleichtert.

In unmittelbarer Nähe zur Altstadt gibt es mehrere Parkhäuser und Parkplätze:

P128 [D7] **Parkhaus Altmarkt,** Zufahrt über Wilsdruffer Str.

P129 [D8] **Parkhaus Ferdinandplatz,** Zufahrt über Waisenhausstr./Viktoriastr.

P130 [D7] **Parkhaus Frauenkirche Neumarkt,** Zufahrt über Landhausstr.

P131 [C6] **Parkhaus Semperoper,** Zufahrt über Devrientstr. oder Terrassenufer/Devrientstr.

080dn Abb.: br

P132 [B9] **Parkhaus Wiener Platz/ Hauptbahnhof,** Zufahrt über Ammonstr. im Tunnel Wiener Platz

P133 [D4] **Parkplatz Neustädter Bahnhof,** Zufahrt über Antonstr./Schlesischer Platz oder Dr.-Friedrich-Wolf-Str.

P134 [E5] **Parkplatz Sarrasanistraße,** Zufahrt über Köpckestr./Sarrasanistr.

Die **Preise variieren** von 0,25 bis 2 € pro Std. – je beliebter die Lage, desto teurer.

Kostenfreie Parkplätze sind in der Innenstadt und der Neustadt eher ein Glückstreffer. Einige öffentliche Parkplätze sind allerdings in den Abendstunden bzw. am Wochenende kostenfrei.

› Informationen und zeitnahe Belegungszahlen zu den Parkplätzen sind im Internet unter www.dresden.de (Stichwort „Parkinformationssystem“) abrufbar.

› Informationen zu kostenlosen Parkplätzen: www.gratisparken.de

Mietwagen-Stationen der großen Verleihunternehmen sind am Flughafen und an den beiden Bahnhöfen ansässig:

- **Avis:** Tel. 0351 8814600 (Flughafen)
- **Europcar:** Tel. 0351 8814590 (Flughafen), Tel. 0351 877320 (Hauptbahnhof), Tel. 0351 828240 (Bahnhof Neustadt)
- **Hertz:** Tel. 0351 8814580 (Flughafen), Tel. 0351 452630 (Hauptbahnhof)
- **Sixt:** Tel. 0180 6666666 (Flughafen, Bahnhof Neustadt, Hauptbahnhof)

Barrierefreies Reisen

Menschen mit eingeschränkter Mobilität finden sich in Dresden gut zurecht, nur auf dem Kopfsteinpflaster im Altstadtbereich kann es für Rollstuhlfahrer ein wenig holprig werden. Fast alle Sehenswürdigkeiten, Museen und öffentlichen Gebäude sind behindertengerecht eingerichtet.

Für **blinde und sehbehinderte Menschen** geben die Ampeln in Dresden akustische Hilfestellung für das sichere Überqueren von Straßen. **Barrierefreie Toiletten** gibt es über das gesamte Stadtgebiet verteilt, einige davon sind auch rund um die Uhr zugänglich, wie z. B. die öffentlichen WCs am Altmarkt, am Pirnaischen Platz, auf der Prager Straße und im Hauptbahnhof.

In den **Straßenbahnen, Bussen und S-Bahnen** ist die Barrierefreiheit im Innenstadtbereich nahezu durchgehend gewährleistet, dafür sorgen die Niederflurfahrzeuge und die mit Blindenleitsystem und hohen Bordkanten ausgestatteten Haltestellen. Bei nicht barrierefreien Haltestellen kommt auf Anfrage beim Fahrer eine ausklappbare Rampe zum Einsatz. Weitere Informationen gibt es im **„Haltestellen-Atlas für Rollstuhlfahrer“**, erhältlich im Internet (www.dvb.de/de-de/liniennetz/liniennetzplaene) oder in einem der Servicezentren der DVB (s. S. 141).

Die Broschüre **„Dresden barrierefrei“** enthält viele nützliche Informationen für ein barrierefreies Erleben der Stadt. Herausgegeben wird sie von der Dresden Marketing GmbH und kann online heruntergeladen oder unter Tel. 501501 bestellt werden und ist auch bei der Tourist-Information (siehe unten) erhältlich.

- www.dresden.de/media/tourismus/pdf/Dresden_barrierefrei_Broschuere.pdf

Außerdem gibt es einen von der Stadt Dresden initiierten **Online-Stadtführer**, der direkt auf die Bedürfnisse von Menschen mit eingeschränkter Mobilität zugeschnitten ist:

- www.dresden.de → Stadtraum → Verkehr in der Stadt → Menschen mit Behinderung

Im globalen Open Source Projekt **Wheelmap** sind auf einer interaktiven Onlinekarte Informationen zu rollstuhlgerechten Orten verzeichnet:

- **http://wheelmap.org**

Zusätzliche Informationen und Tipps von Rollstuhlfahrern für Rollstuhlfahrer in Dresden gibt es auch auf der Website:

- **www.rollpfad.de**

Informationsquellen

Touristeninformationen

- **135** [D7] **Dresden Information im QF an der Frauenkirche,** Neumarkt 2, Tel. 0351 501501, www.dresden.de, März–Dez. Mo.–Fr. 10–19, Sa. 10–18, So. 10–15 Uhr, Jan./Feb. Mo.–Fr. 10–18, Sa. 10–16 Uhr
- **136** [C9] **Dresden Information im Hauptbahnhof,** Wiener Platz 4, tägl. 9–19 Uhr

Dresden preiswert

- *Mit den **Dresden Welcome Cards** kann ein Besuch in der Stadt vergleichsweise preiswert gestaltet werden. Erhältlich ist sie in verschiedenen Varianten: **Dresden City Card** - Freie Fahrt in Dresden: 1 Tag/12 €, 2 Tage/17 €, **Dresden Regio Card** - Freie Fahrt in Dresden und Umgebung: 1 Tag/20 €, 2 Tage 35 €, **Museums Card** - freier Eintritt in 14 Museen: 2 Tage/22 €, **Dresden Tour Card** - Freier Stadtrundgang und Stadtplan: 2 Tage/11 €. Alle Welcome Cards bieten darüber hinaus viele Ermäßigungen bei Touren und Veranstaltungen sowie in Restaurants und Geschäften. Im Kombi-Paket (z. B. Dresden City Card und Dresden Museums Card 2 Tage/37 €) sind sie etwas günstiger. Erhältlich sind die Welcome Cards z. B. in den Dresden Informationen (s. S. 128) an der Frauenkirche und im Hauptbahnhof oder online unter http://tportal.toubiz.de/dresdende/artikel?reset=1.*
- *Jeden **Freitag** (außer an Feiertagen) **ab 12 Uhr** hat man **freien Eintritt** im Stadtmuseum (s. S. 93), der Städtischen Galerie (s. S. 94), dem Kügelgenhaus (Museum der Dresdner Romantik, s. S. 91) und im Leonhardi-Museum (s. S. 94).*
- *Bei der **Museumsnacht Dresden** im September (s. S. 113) kommt man günstig in die teilnehmenden Museen der Stadt. Karte: 13 €, erm. 9 €, Familienkarte (für 2 Erw. und bis zu 4 Kinder unter 14 J.) 28 €, Kinder unter 6 Jahren frei. Benutzung der Museums-Sommernacht-Buslinien und aller Linien im Bereich des VVO während der Museumsnacht inkl.*
- *Den Filmnächten am Elbufer mit Konzerten und anderen Veranstaltungen kann man als **Zaungast** auf der Carolabrücke oder beim gemütlichen Picknick auf den Elbwiesen kostenlos lauschen.*

Tickets

Tickets für die meisten Veranstaltungen sind in der Tourist-Information (s. S. 128) erhältlich, aber auch bei der Konzertkasse Dresden oder beim Ticketservice der Sächsischen Zeitung oder des Stadtmagazins SAX. Die begehrten Karten für die Semperoper gibt es online oder vor dem Opernhaus in der Schinkelwache 20.

- **Besucherdienst der Semperoper Dresden,** in der Schinkelwache 20, Tel. 4911705, www.semperoper.de, Mo.-Fr. 10-18, Sa. 10-17, So. 10-13 Uhr. Abendkasse jeweils 1 Stunde vor Vorstellungsbeginn
- 137 [D8] **Konzertkasse im Florentinum,** Ferdinandstr. 12 (Prager Str./Trompeterstr.), Tel. 8666011, Mo.-Fr. 9.30-20, Sa. 10-16 Uhr, www.konzertkasse dresden.de
- 138 [io] **Konzertkasse in der Schillergalerie in Dresden,** Loschwitzer Str. 52a (am Schillerplatz), Tel. 315870, Mo.-Fr. 9-20, Sa. 9-18 Uhr
- **saxTicket,** im Foyer des Filmtheaters Schauburg (s. S. 104), Tel. 8038744, www.saxticket.de, Mo.-Fr. 10-20, Sa. 11-14 Uhr
- 139 [D8] **SZ-ticketservice,** im Erdgeschoss des Kaufhauses Karstadt, Prager Straße 12, Tel. 8611650, www.sz-ticketservice.de

Dresden im Internet

- **www.dresden.de:** Das Onlineportal der Stadt Dresden ist für Bewohner und Besucher gleichermaßen informativ.
- **www.dresden-lexikon.de:** Sehr umfangreiches und aktuell gehaltenes „Stadtlexikon" (von Veranstaltungen über Kneipen bis hin zu berühmten Persönlichkeiten)
- **www.dresden-neustadt.de:** Infos für einen erlebnisreichen Bummel durch die Dresdner Neustadt – Kneipen/Bars und Cafés, Veranstaltungen u.v.a.m.
- **www.dresden-reisefuehrer.de:** Detaillierter Onlinereiseführer für Dresden und das Umland – Geschichtliches und Touristisches sehr gut aufbereitet
- **www.dresdeninformation.com:** Adressen für Shopping, Übernachtung und Essen und Trinken sowie für kulturelle Unternehmungen
- **www.dresdner.nu:** Webpräsenz des Kulturmagazins mit Infos zu Film, Bühne, Kunst, Literatur und Musik in Dresden
- **www.hey-dresden.de:** Junges Dresdner Online-Magazin, u. a. mit Kneipenführer (http://hey-dresden.de/kneipensurfer).
- **www.museen-dresden.de** oder **www.stmd.de:** Die Städtischen Museen in der Übersicht mit allen wichtigen Infos
- **www.schloesserland-sachsen.de:** Infos zum Residenzschloss, dem Zwinger, der Festung, Schloss und Park Pillnitz und allen anderen sächsischen Schlössern, Burgen und Gärten
- **www.skd.museum:** Die Internetseite der Staatlichen Kunstsammlungen Dresden. Hier sind alle Museen „unter einem Dach" und ausführlich beschrieben.
- **www.vvo-online.de/de/service/verkehrskameras:** Blick auf Dresden durch verschiedene Verkehrskameras des Fraunhofer Instituts

Unsere Literaturtipps

- **Erich Kästner,** „Als ich ein kleiner Junge war", verschiedene Ausgaben. Dresden als autobiografischer Erlebnisroman des jungen Erich Kästner – ein Klassiker für Kinder und Erwachsene.
- **Peter Ufer,** „Dresden für Liebhaber: 99 Orte überraschend.anders.", Verlag Edition Sächsische Zeitung. Abwechslungsreiche Mischung aus touristischen Highlights und echten „Geheimtipps", zusammengetragen und angereichert mit Anekdoten und geschichtlichen Informationen vom SZ-Kolumnisten Peter Ufer.
- **Olaf B. Rader,** „Kleine Geschichte Dresdens", Verlag C. H. Beck. Der Kunsthistoriker bringt 800 Jahre Dresdner Stadtgeschichte facettenreich und höchst amüsant auf den Punkt.
- **Susanne Jaeger, Barbara Borngässer,** „Reclams Städteführer Dresden: Architektur und Kunst", Verlag Reclam. Kompakter und sehr informativer Architektur- und Kunstführer im „kleinen, gelben" Reclam-Miniformat.
- **Matthias Donath, Jörg Blobelt,** „Altes & Neues Dresden: 100 Bauwerke erzählen Geschichten einer Stadt", Edition Sächsische Zeitung. Der Kunsthistoriker Donath und der Architekturfotograf Blobelt erläutern Dresdens Architektur und Stadtgeschichte – lebendig und kenntnisreich und mit tollen Fotos.
- **Fritz Löffler,** „Bernardo Bellotto, genannt Canaletto, Dresden im 18. Jahrhundert", Verlag E. A. Seemann. Die berühmten Dresdner Veduten (Stadtansichten) des italienischen Malers Canaletto mit Detailbeschreibungen der Bilder und interessanten Hintergrundinformationen zum Künstler.

Publikationen

Die Dresdner Tagespresse fächert sich in die beiden traditionellen Tageszeitungen **Sächsische Zeitung (SZ)** mit dem donnerstags beiliegenden **Augusto – das Ausgehmagazin** und die **Dresdner Neueste Nachrichten (DNN)** sowie in die **Dresdner Morgenpost** und die **Lokalausgabe der Bild-Zeitung** auf.

- **Sächsische Zeitung:** www.sz-online.de
- **Dresdner Neuste Nachrichten:** www.dnn-online.de
- Veranstaltungsmagazine/Stadtmagazine sind **SAX** und **PRINZ** (beide kostenpflichtig) sowie das **DRESDNER Kulturmagazin** (kostenlos).
- Für Feinschmecker gibt es den Gastronomieführer **Augusto.** Er erscheint jährlich und enthält neben Gastrotipps auch viele Coupons/Rabattgutscheine: www.augusto-magazin.de.

Dresden-Apps

- **CyberSax:** keine wichtige Veranstaltung verpassen (kostenlos für iOS)
- **Deutsches Hygiene-Museum-DGS:** Tour in deutscher Gebärdensprache mit und ohne Untertitel (kostenlos für iOS)
- **Gemäldegalerie Alte Meister – SKD:** Audioguide und Tour durch die Dauerausstellung (0,99 € für Android, 1,09 € für iOS)
- **MPS Museums-Guide:** Audioguide zur Dauerausstellung des Mathematisch-Physikalischen Salons im Zwinger (kostenlos für iOS)
- **schloesserland-AUDIOGUIDE:** ein Königreich für unterwegs. Unterhaltsamer Audioguide durch die Geschichte der Parks und Gärten im Schlösserland Sachsen, u. a. Zwinger, Pillnitz (kostenlos für Android und iOS).
- **Verkehrsmuseum Dresden:** Audioguide durch das Verkehrsmuseum inkl. nützlicher Infos wie Öffnungszeiten, Preise und Veranstaltungen (kostenlos für Android und iOS)
- **FahrInfo Dresden:** Aktuelle Fahrplanauskunft für Bus und Bahn des Verkehrsverbundes Oberelbe (Keine offizielle App der DVB und VVO! Kostenlos für Android und iOS)

Internet

In den meisten **Hotels** ist ein kostenloser Internetzugang mittlerweile Standard. In der Stadt unterwegs kann man sich z. B. an einem der **kostenfreien WLAN-Hotspots** zum Surfen im Internet bedienen:

- **Café Europa** (s. S. 99)
- **Café Neustadt** (s. S. 99)

Eine umfangreiche Liste mit **freien WLAN-Hotspots** gibt es im Internet auf www.freie-hotspots.de.

Mit Kindern unterwegs

Für Kinder wird es bei einem Stadtbesuch von Dresden garantiert nicht langweilig, denn dafür gibt es viel zu viele aufregende und schöne Dinge zu erleben. Nahezu alle Attraktionen haben **vergünstigte Eintrittspreise** für Kinder oder Familien. Bei einigen bekommen Kinder bis zu einem bestimmten Alter sogar kostenfreien Eintritt.

- **Informationen** für einen Dresden-Besuch mit Kindern gibt es unter anderem auch in dem bei der Tourist-Information (s. S. 128) kostenfrei ausliegenden **Magazin „kind + kegel"** (www.kindundkegel.de). Das Dresdner Familienmagazin erscheint zehnmal im Jahr. Eine Liste der etwa 800 Stellen, an denen es ausliegt, kann man über den Internetauftritt einsehen.

Kinderstadtrundfahrt mit Sydney

Mit dem Stadtkänguru Sydney können Kinder auf eine **spannende Drachenjagd** durch Dresden gehen und so auf witzige und informative Weise die Sehenswürdigkeiten der Stadt kennenlernen. Kinder unter 15 Jahren fahren in Begleitung ihrer Eltern kostenfrei mit. Für 2 € gibt es die sogenannte „Sydney's Kids-Club-Tüte" mit Stiften, Bastel-Bus und vielem mehr.

› tägl. 9.30–17 Uhr, Treffpunkt: Theaterplatz an der Augustusbrücke [C6], www.stadtrundfahrt.com/dresden/sydneys-kidstour, Erw. 20 €, Dauer: ca. 2 Std.

Museen

Viele der Museen in Dresden haben Ausstellungen, die Kindern Spaß machen. Im **Hygiene-Museum Dresden** 37 gibt es sogar ein eigenes **Kindermuseum** mit Fokus auf interaktives Erleben. Im **Erich Kästner Museum** 44 können sich Kinder und Erwachsene auf die Spuren des Schriftstellers begeben – das lohnt sich nicht nur für Leseratten.

Wer Puppentheater mag, der wird von der **Puppentheaterausstellung** im Museum für Sächsische Volkskunst 40 begeistert sein. Richtiges **Live-Puppentheater** gibt es z. B. im Großen Garten 34 und im Kraftwerk Mitte (tjg. theater der jungen generation, s. S. 105).

Kleine und große **Technikfans** werden im **Verkehrsmuseum** 17 voll auf ihre Kosten kommen. Und wer Lust hat, Rittern mal in die Rüstung zu schauen, wird in der **Rüstkammer** im Residenzschloss 12 sicherlich seinen Spaß haben.

Auf den Spuren des alten Dresden wird es auch für Kinder spannend – z. B. in den **Kasematten** 10, den alten Festungsmauern der Stadt unterhalb der Brühlschen Terrasse, oder im **Panometer** 55, wo es auf 3000 m² Leinwand unzählig viele Details zu entdecken gibt.

052dn Abb.: dhmdsg

Aktiv

Museumsmuffel begeistert man in jedem Fall mit einem Ausflug auf einem der **Schaufelraddampfer** der Weißen Flotte (s. S. 141) oder man unternimmt eine Fahrt mit den ältesten Bergbahnen der Welt – der **Schwebe- oder Standseilbahn** 53 in Loschwitz.

Ob Sommer oder Winter, im **Georg-Arnhold-Bad** (s. S. 58) am Großen Garten 34 lässt es sich herrlich im Wasser toben – mit **Riesenrutsche und Strömungskanal.** Im Großen Garten dreht man in der **Parkeisenbahn** 35 eine große Runde und wer Lust hat, steigt am Bahnhof „Zoo" aus und besucht den Dresdner Zoo 36 mit vielen Tieren zum Anschauen und zum Streicheln im **Streichelzoo.**

Märchen

Ein ganz besonderes Erlebnis ist auch eine **Märchenlesung** in der **Yenidze** 25. Direkt unter dem zauberhaften Kuppeldach sitzend, lauscht man dem Erzähler, der Geschichten lebendig werden lässt.

Medizinische Versorgung

Krankenhäuser

- **140** [G4] **Diakonissenkrankenhaus,** Holzhofgasse 29, www.diako-dresden.de/diakonissen-krankenhaus/, Tel. 8100, Notfallambulanz (24 Std): Tel. 8101708
- **141** [A5] **Städtisches Klinikum Dresden – Friedrichstadt,** Friedrichstraße 41, Tel. 4800, www.klinikum-dresden.de/friedrichstadt.html, zentrale Notaufnahme (24 Std. geöffnet): Tel. 4801552
- **142 Städtisches Klinikum Dresden – Neustadt/Trachau,** Industriestraße 40, Tel. 8560, www.klinikum-dresden.de/Neustadt_Trachau-p-54.html, 24-Stunden-Notfallzentrum: Tel. 8562380, Notaufnahme für Kinder: Tel. 8562580
- **143** [G8] **Krankenhaus St. Joseph-Stift,** Wintergartenstraße 15/17, Tel. 44400, www.josephstift-dresden.de, Notfallambulanz (24 Std. geöffnet): Tel. 44402329
- **144** [go] **Universitätsklinikum Carl Gustav Carus,** Fetscherstraße 74, Tel. 4580, www.uniklinikum-dresden.de, Kindernotaufnahme (24 Std. geöffnet): Tel. 4582267, Chirurgische Notaufnahme (24 Std. geöffnet): Tel. 4582425

Apotheken

- **145** [E5] **Apotheke Goldener Reiter,** Hauptstr. 38, Tel. 81063877
- **146** [D7] **Löwen Apotheke,** Wilsdruffer Str. 5, Tel. 497170
- **147** [C9] **StadtApotheke,** Prager Str. 2, Tel. 4810277

Notfälle

Notrufnummern

- **Polizei:** Tel. 110
- **Feuerwehr:** Tel. 112
- **Ärztlicher Notdienst:** Tel. 116117 oder 19292 (allgemeine Vermittlungsstelle)
- **Apothekennotdienst:** Tel. 0800 0022833 (kostenlos aus dem deutschen Festnetz) oder Tel. 22833 vom Handy

Im Hygiene-Museum 37 können Kinder eigenständig auf Entdeckungstour gehen – hier am „Füllhorn" im Raum „Essen und Trinken"

Fundbüro

148 [C7] **Fundbüro Dresden,** Theaterstraße 13, Tel. 4885996 (Mo. und Mi. 13–15 Uhr), geöffnet: Di./Do. 9–12, 13–18 Uhr, Fr. 9–12 Uhr, Mo. u. Mi. geschl., www.dresden.de/de/rathaus/dienstleistungen/fundsachen_d115.php

Polizei

149 [D7] **Polizeirevier Dresden-Mitte,** Schießgasse 7, schräg gegenüber vom Kurländer Palais, zwischen Brühlschem Garten und Wilsdruffer Straße, Tel. 4832601

Kartenverlust

Bei **Verlust der Debit-/Giro-, Kredit-** oder **SIM-Karte** gibt es für Kartensperrungen eine **deutsche Zentralnummer** (unbedingt vor der Reise klären, ob die eigene Bank bzw. der jeweilige Mobilfunkanbieter diesem Notrufsystem angeschlossen ist). **Aber Achtung:** Mit der telefonischen Sperrung sind die Bezahlkarten zwar für die Bezahlung/Geldabhebung mit der PIN gesperrt, nicht jedoch für das **Lastschriftverfahren mit Unterschrift.** Man sollte daher auf jeden Fall den Verlust zusätzlich **bei der Polizei zur Anzeige bringen,** um gegebenenfalls auftretende Ansprüche zurückweisen zu können.

In **Österreich** und der **Schweiz** gibt es keine zentrale Sperrnummer, daher sollten sich Besitzer von in diesen Ländern ausgestellten Debit- oder Kreditkarten vor der Abreise bei ihrem Kreditinstitut über den zuständigen Sperrnotruf informieren.

Generell sollte man sich immer die **wichtigsten Daten** wie Kartennummer und Ausstellungsdatum **separat notieren,** da diese unter Umständen abgefragt werden.

- **Deutscher Sperrnotruf:** Tel. +49 116116 oder Tel. +49 3040504050
- **Weitere Infos:** www.kartensicherheit.de, www.sperr-notruf.de

Infos für LGBT+

In Dresden ist eine lebendige Schwulen- und Lesbenszene vor allem auf der Neustädter Elbseite etabliert:

154 *[F3]* ***Boys,*** *Alaunstraße 80, Tel. 5633630, www.boys-bar.de, tägl. 20–3 u. Fr./Sa. 20–5 Uhr. Trotz des Namens nicht nur für Schwule, sondern auch für Lesben und Heteros.*

155 *[G4]* ***Carte Blanche – Travestie-Revue-Theater,*** *Prießnitzstraße 10, Tel. 204720, www.carte-blanche-dresden.de, Ticketkasse: Mo.–Fr. 10–19, Sa. 10–18 Uhr. Dresdens erstes Travestie-Revuetheater.*

156 *[E7]* ***Disco WoAnders,*** *Brühlscher Garten 1, www.discowoanders.de, www.baerenzwinger.de, in der Regel einmal im Monat 22–5 Uhr. Die Gay Disco WoAnders im Studentenklub Bärenzwinger gibt es seit rund 20 Jahren.*

- *Christopher Street Day in Dresden: Ende Mai–Anfang Juni (mit Straßenfest auf dem Altmarkt), www.csd-dresden.de*
- *Gerede e.V., www.gerede-dresden.de. Dresdner Verein für Lesben, Schwule, Bi- und Transsexuelle und deren Angehörige.*

Post

✉**150** [C7] **Postbank (1),** Antonsplatz 1, Mo.–Fr. 9–19, Sa. 9–15 Uhr. Direkt in der Innenstadt, Nähe Postplatz, ansässige Postfiliale.

✉**151** [E3] **Postbank (2),** Königsbrücker Str. 21–29, Mo.–Fr. 9–19, Sa. 10–13 Uhr. An der Hauptader der Äußeren Neustadt gelegene Postfiliale, auf halbem Weg zwischen Albertplatz und Bischofsweg.

Radfahren

Die Stadt ist bemüht, dass sich Dresden auch abseits des wunderbaren Elberadweges zu einer fahrradfreundlichen Stadt entwickelt. **Mehr als 360 km an Fahrradwegen** durchziehen mittlerweile die gesamte Stadt. Hilfreiche Ziel- und Entfernungsangaben an den Radwegen oder Radrouten geben die **weiß-grünen Hinweisschilder.**

Panoramaradeln auf dem Elberadweg – wie Canaletto (s. S. 39) es gemalt hätte

Ergänzende Infos für Radfahrer gibt es im Internet:

› www.adfc-dresden.de
› www.elberadweg.de

Fahrradverleih

S**152** [E5] **MietStation am Elberadweg,** Glacisstr. 5, www.mietstation-dresden.de, Tel. 0151 25200080. Ganzjähriger Verleih von Fahrrädern, Kinderrädern und E-Bikes. Preise ab 6 € pro Tag/Rad.

› **sz-bike,** ein Fahrradverleihsystem der Sächsischen Zeitung, das von nextbike betrieben wird. Rund 500 Mietfahrräder sind rund um die Uhr verfügbar. Aktuelle Standorte von verfügbaren Rädern kann man unter www.sz-bike.de/de/dresden/standorte/ ermitteln. Preise (Normaltarif): 1 €/30 Min., 9 €/24 Std. Die Registrierung erfolgt online oder per Tel. 030 69205046.

S**153** [E4] **Roll On Dresden,** Königsbrücker Str. 4a/Albertplatz, www.rollondresden.de, Tel. 2142501 oder Tel. 0152 22673460, geöffnet: Mo.–Fr. 9–13 und 17–19, Sa. 9–14, So. 10–13 Uhr oder nach telefonischer Vereinbarung, Rückgabe rund um die Uhr möglich. Preise ab 8 € pro Tag/Rad. Fahrradverleih und geführte Radtouren.

Stadttouren

Wer in Dresden eine geführte Stadttour machen möchte, der hat die Qual der Wahl – es gibt eine **breit gefächerte Auswahl an Anbietern und Themen** – klassisch, historisch oder mit Erlebnischarakter. In der Tourist-Information (s. S. 128) können die meisten der Touren direkt gebucht werden.

Stadtrundfahrten

- **Stadtrundfahrten im Doppelstockbus,** www.stadtrundfahrt.com: z. B. „Große Stadtrundfahrt auf der Linie 1", 22 Haltestellen, Tagesticket zum individuellen Ein- und Aussteigen: 20 €, erm. 18 €, Kinder bis 14 Jahre frei, April–Okt. 9.30–17 Uhr alle 15 Min., Nov.–März 9.30–17 Uhr alle 30 Min., Gesamtdauer ohne Aussteigen ca. 2 Std. Tickets online oder im Bus erhältlich, ganztägig nutzbar, Zustieg/Start der Tour an jeder Haltestelle möglich.
- **Stadtrundfahrt Dresden – Die Roten Doppeldecker,** www.stadtrundfahrt-dresden.de: **Tipp 1:** „Die Original Entdecker Tour", Dresden im Bus, in der Standseilbahn und vom Dampfer aus. April–Okt. tägl. 10.15, 14.15 Uhr ab Wilsdruffer Straße/Stadtmuseum, Dauer ca. 3 Std., Ticket 33 €, erm. 31 €, 7–14 Jahre 10 €, erhältlich im Bus oder bei den beiden Touristeninfos (s. S. 128).
- **Tipp 2:** „Die Stadtrundfahrt mit Semperoper", geführte Stadttour im Bus inklusive Besichtigung der Dresdner Semperoper, tägl. 13 Uhr, Dauer ca. 3 Std., Abfahrt Wilsdruffer Str./Stadtmuseum (s. S. 93), Tickets 29 €, erm. 27 €, Jugendliche (15–17 Jahre) 25 €, Kinder (7–14 Jahre) 8 €, erhältlich im Bus oder im DVB-Kundenzentrum und in DVB-Servicepunkten (s. S. 141).
- **Stadtrundfahrten im Trabi,** selbst am Steuer oder stilvoll mit Chauffeur: Trabi-Safari, Tel. 82120143, www.trabi-safari.de. Startpunkt: TrabiWorld, Bremer Straße 35, p. P. 49 €, Kinder/Jugendliche unter 18 J. frei. Inkl. Haftpflicht- u. Vollkaskoversicherung: SB 500 €. Buchung online.
- **Erleben Sie Dresden,** Tel. 0170 1633847, www.erleben-sie-dresden.de. Stadtführung per Rad für Gruppen von 2 bis 20 Personen, 2 Std. Festpreis 90 €, Leihrad auf Anfrage (ca. 10 €) oder selber mieten z. B. bei www.sz-bike.de (s. S. 135).

053dn Abb.: br

› **Kennst Du Dresden?** Tel. 0176 60880881, www.kennst-du-dresden.de. Große Stadtführung per Rad ab 4 Pers., 3 Std., 23 € pro Pers., Leihrad 10 €.

Stadtrundgänge

› **Barokkokko – Erlebnisrundgänge,** Tel. 8336000, www.barokkokko.de. Mit historischen sächsischen Prominenten auf Tour durch Dresden, z. B. Kerkermeisterführung getreu dem Motto „Ach, wenns mir nur gruselte …“, Ende März bis Anf. Jan. Mo.–Sa. 21 Uhr, Dauer ca. 1. Std., Tickets: 15 €, erm. 10 €, bis 6 Jahre frei, Treff: auf dem Neumarkt 1, Martin-Luther-Denkmal.

› **Igeltour Dresden,** Löwenstr. 11, Tel. 8044557, www.igeltour-dresden.de. Zu Fuß auf einen Streifzug „Durch die Parks der drei Albrechtschlösser“ – Baukunst bestaunen, Lustwandeln und Aussicht genießen, 8 €, erm. 6 €, Treffpunkt: Torhäuser Schloss Albrechtsberg 49, oder „Des Nachts durch Dresdens Gassen – Unterwegs mit dem Grauen Mönch“, April–Okt. jeden Fr. 21 Uhr, Tickets: 12 €, Treff: Zwinger 21 /Brücke vor dem Kronentor.

› **Dresden Walks,** Tel. 0170 1633847, www.dresdenwalks.com. Die Guides im hellgrünen Outfit führen zu Fuß durch die Stadt, z. B. „Die Altstadt – Historisches Stadtzentrum“, tägl. 10.30 Uhr, (April–Okt.), tägl. 12 Uhr (Nov.–März), Dauer ca. 2 Std., Treff: Schlossplatz/an der Treppe zur Brühlschen Terrasse, Tickets: 10 € p. P.

› **Dresden Kulttouren,** Tel. 2599886, 0163 7169886, www.dresden-barock.de. Unterhaltsame Rundgänge mit kostümierten Gästeführern, z. B. die Abendführung „Altstadt“, Treffpunkt: Standbild Goldener Reiter 41 am Neustädter Markt, ca. 1½ Std., tägl. ab 21 Uhr (auf Anfrage!), Tickets: 15 € p. P. (bis 14 Jahre frei).

› **Nightwalk Dresden,** Tel. 0172 7815007, www.nightwalk-dresden.de. Kultur kombiniert mit Kneipe, beim „Nightwalk“ geht es in die Dresdner Neustadt – mit garantiertem Kneipen-/Barbesuch, tägl. ab 21 Uhr, Dauer ca. 3 Std., Treff: Albertplatz 44 /Artesischer Brunnen, Nordseite unterhalb des „Adventureroom“, 17 € p. P.

Kutschfahrten

› **Kutschfahrten in Dresden,** Tel. 01520 2355381, www.kutschfahrten-in-dresden.de. Hier kann man mit der Pferdekutsche (z. B. Canalettofahrt, Dauer ca. 1 ½ Std.) oder dem Pferdeomnibus (Dauer ca. 30 Min.) durch die sächsische Hauptstadt fahren.

Unterkunft

Anregungen und/oder Hilfe bei der Suche nach der passenden Unterkunft für den Besuch in Dresden – egal für welche Preiskategorie – bekommt man z. B. bei der **Tourist-Information** (s. S. 128).

In Dresden wird eine sogenannte **Beherbergungssteuer** erhoben. Pro Tag werden bei einem Zimmerpreis von bis zu 30 € 1 €, von 31 bis 60 € 3 €, von 61 bis 90 € 5 € und von 91 bis 120 € 7 € fällig. Darüber hinaus werden pro 30 € jeweils 2 € zusätzlich fällig. Der Betrag ist spätestens am Abreisetag in der Beherbergungseinrichtung zu entrichten.

Bei der Fahrt mit dem Doppeldeckerbus verschafft man sich einen kompakten Überblick über die Stadt

Hotels

157 [C4] **City-Oase Dresden** €€€, Ludwigstraße 2, Tel. 4798614, www.city-oase-dresden.de. **Ruhige Wohlfühloase mitten in der Stadt:** kleines, familiengeführtes Hotel in einem hundert Jahre alten Gründerzeithaus direkt an der Elbe auf Neustädter Seite. Die Zimmer sind mit Dresden-Themen kunstvoll gestaltet und behaglich eingerichtet. Frühstück 8 € pro Person.

158 [gn] **Hotel am Waldschlösschen** €€, Am Brauhaus 8b, Tel. 8951330, www.hotel-am-waldschloesschen.de. **Außen denkmalgeschützt, innen komfortabel:** Fast alle gemütlich eingerichteten Zimmer verfügen über eine wunderschöne Aussicht auf die Elbe und die Altstadtsilhouette Dresdens. Wer abends noch Lust auf Abendunterhaltung wie Livemusik, Essen und Trinken verspürt, der hat es nicht weit, denn das Brauhaus am Waldschlösschen (s. S. 96) befindet sich im selben Gebäude im Erdgeschoss.

159 [D4] **Hotel Bayerischer Hof Dresden** €€€, Antonstraße 33–35, Tel. 829370, www.bayerischer-hof-dresden.de, WLAN. **Familiengeführtes Viersterne-Hotel:** Dieses ehemalige Patrizierhaus verfügt über 56 geräumige und komfortabel eingerichtete Zimmer unweit des Bahnhofs Neustadt. Mit angeschlossenem Restaurant.

Preiskategorien

Die Preiskategorien stellen Annäherungswerte für den Preis eines Doppelzimmers pro Nacht dar.

€	bis 50 €
€€	50 €–80 €
€€€	80 €–120 €

EXTRAINFO

Buchungsportale

Neben Buchungsportalen für **Hotels** (z. B. www.booking.com, www.hrs.de oder www.trivago.de) bzw. für **Hostels** (z. B. www.hostelworld.de oder www.hostelbookers.de) gibt es auch Anbieter, bei denen man **Privatunterkünfte** buchen kann. Portale wie www.airbnb.de, www.wimdu.de oder www.9flats.com vermitteln Wohnungen, Zimmer oder auch nur einen Schlafplatz auf einer Couch. Diese oft recht günstigen Übernachtungsmöglichkeiten sind nicht unumstritten, weil manchmal normale Wohnungen gewerblich missbraucht werden. Einige Städte greifen deshalb regulierend ein.

160 [D7] **Hotel INNSIDE Dresden** €€€, Salzgasse 4, Tel. 795150, www.innside.com/de. **Modern und weltoffen:** Zwischen Frauenkirche und Albertinum logiert das 4-Sterne-Superior-Hotel INNSIDE der Meliá-Kette mit 180 modernen Designerzimmern und -suiten. Bar in der sechsten Etage mit spektakulärem Blick auf die Frauenkirche, tägl. 18–1 Uhr. Frühstück 30 € pro Person.

161 **Hotel Novalis Dresden** €€, Bärnsdorfer Straße 185, www.novalis-hotel.de, Tel. 82130. **Geräumige Familienzimmer im Angebot:** komfortabel ausgestattetes Dreisternekunsthotel im Nordzipfel des Hechtviertels mit hauseigener Bar.

162 [jn] **Hotel Villa Herzog** €€€, Kurparkstr. 6 a, Tel. 26327812, www.loar.de/villaherzog. **Idyllisch gelegen:** Die Gründerzeitvilla im Stadtteil Weißer Hirsch wurde vor über 100 Jahren als Mädchenpensionat erbaut. Heute stellen die stilvoll eingerichteten Zimmer eine schöne und ruhige Übernachtungsadresse in Dresdens begehrtem Villenviertel dar.

163 Hotel Villa Seraphinum €€€, Dohnaer Str. 31, www.seraphinum.com, Tel. 4277630. **Fürstlich wohnen:** In der ruhig gelegenen, über 200 Jahre alten Villa erwarten den Gast behagliche Zimmer. Sie befindet sich im Stadtteil Strehlen, ca. 1 km vom Großen Garten entfernt.

164 [C9] **Ibis Hotels Dresden Zentrum** €€€, Prager Straße, www.ibis-dresden.de, Tel. 48564856. **Unschlagbar zentral:** In zwei der markanten Hochhäuser auf der Prager Straße bieten sich überraschend ruhige, moderne Unterkunftsmöglichkeiten mitten auf der größten Einkaufsmeile der Stadt.

165 [B5] **L Hotel Dresden Altstadt** €€€, Magdeburger Straße 1a, Tel. 486700, www.leonardo-hotels.de. **Freundlich und sauber:** modern gestaltetes Hotel auf der Altstadtseite direkt neben der Yenidze, einige Zimmer sind sogar mit Blick auf die ehemalige Tabakfabrik im orientalischen Stil. Ganz in der Nähe: Messe und Internationales Congress Center Dresden. Frühstück 12 € pro Person.

166 [C7] **Motel One Dresden am Zwinger** €€, Postplatz 5, Tel. 438380, www.motel-one.com/de/hotels/dresden. **Je eines auf jeder Elbseite:** Schickes, modernes Designhotel, zentral am Postplatz in der Altstadt gelegen in unmittelbarer Nähe zu Zwinger, Residenzschloss und Semperoper. Frühstucksbuffet 9,50 € pro Person.

167 [D4] **Motel One Dresden Palaisplatz** €€, Palaisplatz 1, Tel. 6557380, www.motel-one.com/de/hotels/dresden. Die zweite Depandance befindet sich zentral zwischen Bahnhof Neustadt und Palaisgarten auf der rechten Elbseite, dem Neustadtufer.

168 [B6] **Penck Hotel** €€€, Ostra-Allee 33, Tel. 49220, https://penckhoteldresden.de. **Im wahrsten Sinne kunstvoll:** ein mit Werken des Dresdner Künstlers A. R. Penck ausgestattetes Hotel ganz in der Nähe des Dresdner Zwingers.

Hostels/Jugendherbergen

169 [C4] **CVJM-Jugendschiff** €, Uferstr. 14, Tel. 8945850, https://cvjm-schiff.de. **Fest verankert preiswert übernachten:** Das 2016 sanierte Jugendschiff im Neustädter Hafen ist ein ehemaliger Ausflugsdampfer der Weißen Flotte.

170 [F4] **Hostel Mondpalast** €, Louisenstraße 77, www.mondpalast.de, Tel. 5634050, WLAN. **Check-in ist auch ohne Raumanzug möglich:** Das freundliche Hostel Mondpalast in der bunten Neustadt hat ebenso bunt gestaltete 21 Zimmer und Platz für insgesamt 93 müde Backpacker.

171 [B7] **Jugendherberge Dresden „Jugendgästehaus“** €, Maternistraße 22, Tel. 492620, www.jugendherberge-sachsen.de, WLAN. **Gut und zweckmäßig:** zentral in der City, nur knapp 1 km vom Zwinger entfernt gelegen.

Die Zimmer im Mondpalast wurden von Dresdner Künstlern gestaltet

054dn Abb.: br

063dn Abb.: br

🏨**172** [F3] **Lollis Homestay** €, Görlitzer Str. 34, Tel. 8108458, www.lollishome.de. **Bunt und preiswert:** Jedes Zimmer im Neustädter Hostel ist anders und sehr kreativ gestaltet – ganz besonders kultig: im „Trabizimmer" kann man in einer echten himmelblauen „Rennpappe" übernachten.

Camping

⚠**173 Campingplatz Dresden-Mockritz,** Boderitzerstr. 30, Tel. 4715250, www.camping-dresden.de. **Haustiere willkommen:** Ganzjährig geöffneter Familiencampingplatz im Süden von Dresden, mit Swimmingpool.

⚠**174 Campingplatz Wostra,** An der Wostra 7, Tel. 2013254, www.dresden.de/de/leben/sport-und-freizeit/sport/campingplatz.php, April–Okt. **Freie Platzwahl und Semmelservice:** Im Südosten der Stadt gelegen, ca. 200 Meter von der Elbe entfernt, mit mehr als 70 Stellplätzen, Strand- und Freibad Wostra in unmittelbarer Nähe.

Verkehrsmittel

Bus und Bahn

Dresden verfügt über ein gut ausgebautes und gut strukturiertes Nahverkehrsnetz mit 12 Straßenbahnlinien, 27 Buslinien, vier Fährstellen und zwei denkmalgeschützten Bergbahnen (53).

Das gesamte Stadtgebiet Dresdens (einschließlich Pillnitz) wird von den Dresdner Verkehrsbetrieben „befahren" und ist im Verkehrsverbund Oberelbe zu **einer Tarifzone (Tarifzone 10)** zusammengefasst. Somit gibt es innerhalb der Stadt **nur eine Preisstufe.**

Für Fahrten mit der **Schwebe- und Standseilbahn** gelten gesonderte Preise (s. S. 80).

- **DVB (Dresdner Verkehrsbetriebe):** www.dvb.de
- **VVO (Verkehrsverbund Oberelbe):** www.vvo-online.de
- **Einzelfahrt** (1 Stunde): 2,40 €, erm. 1,60 €
- **4er-Karte:** 8,60 €, erm. 5,20 €
- **4er-Karte Kurzstrecke** (max. 4 Haltestellen, ohne Umstieg): 5,50 €
- **Tageskarte** (gültig bis 4 Uhr des Folgetages): 6 €, erm. 5 €
- **Familientageskarte** (max. 6 Personen inkl. 2 Erwachsene, gültig bis 4 Uhr des Folgetages): 9 €
- **Wochenkarte** (7 Tage): 21,90 €, erm. 16,70 €
- **Kinder** unter 6 Jahren fahren kostenlos, für Kinder von 6 bis 14 Jahre gilt der ermäßigte Preis.

Übernachten in der „Rennpappe": Trabizimmer im Lollis Homestay

- **Dresden Welcome Cards** (s. S. 129): Mit den Dresden Welcome Cards fährt man kostenlos im Stadtgebiet (City Card) bzw. im Stadtgebiet und im Umland (Regio Card).

Tickets für die DVB sind an **Fahrscheinautomaten** an allen wichtigen Haltestellen oder in einem der **Servicezentren** an Albertplatz 44, Hauptbahnhof 33, Pirnaischem Platz, Postplatz oder der Prager Straße 32 erhältlich. In der Straßenbahn hat man die Möglichkeit, am Automaten ein Ticket zu ziehen, und im Bus kann man den Fahrschein direkt beim Fahrer kaufen. Darüber hinaus bieten zahlreiche Geschäfte und Hotels Fahrscheine zum Verkauf an.

ℹ175 [C7] **DVB-Kundenzentrum im „Wilsdruffer Kubus“,** Postplatz 1, Haltestelle Postplatz, Mo.–Fr. 9.30–19, Sa. 10–18, So. u. Feiertag geschlossen

ℹ176 [C9] **DVB-Servicepunkt Hauptbahnhof/Wiener Platz,** Haltestellen Hauptbahnhof u. Hauptbahnhof Nord, Mo.–Fr. 8–19, Sa. 8–18, So. 9–18 Uhr

ℹ177 [E4] **DVB-Servicepunkt am Albertplatz,** Haltestelle Albertplatz, Mo.–Fr. 9–18, Sa. 9–16 Uhr

ℹ178 [D7] **DVB-Servicepunkt Pirnaischer Platz,** Haltestelle Pirnaischer Platz, Mo.–Sa. 9–17 Uhr

ℹ179 [D8] **DVB-Servicepunkt Prager Straße,** Haltestelle Prager Straße, Mo.–Fr. 9–19, Sa. 9–18 Uhr

Taxi

- **Taxi Dresden:** Tel. 211211 oder www.taxi-dresden.de
- **Rikscha Taxi Dresden:** Tel. 0160 92708603
- **Rikscha Dresden:** Tel. 4189995
- **City Rikscha Dresden:** Tel. 0152 04316010

Schifffahrt

Nicht nur auf Straßen oder Schienen kann man in Dresden von A nach B gelangen, sondern auch auf dem Wasser. Die Elbe macht es möglich, z. B. bei einer gemütlichen Fahrt mit dem **Schaufelraddampfer** der **Sächsischen Dampfschiffahrt,** die auf eine über 180-jährige Geschichte zurückblicken kann. Auf den 13 Dampfern der **Weißen Flotte** können normale Linienfahrten oder gleich ganze Rundfahrten innerhalb der Stadt oder ins Umland unternommen werden. Insgesamt **14 Anlegestellen** fährt die Sächsische Dampfschiffahrt

Dresden verfügt über ein gut ausgebautes Straßenbahnnetz

055dn Abb.: b

an, darunter Dresden (Terrassenufer, unterhalb der Brühlschen Terrasse, zwischen Carolabrücke und Augustusbrücke 38), Blasewitz (Blaues Wunder 52), Schloss Pillnitz 54, Kurort Rathen und Königstein.

Fahrpreise

Tickets werden online und an den Anlegestellen verkauft:

- www.saechsische-dampfschiffahrt.de
- Kurzstrecke (bis 20 Min.) 7,50 € (erm. 5 €), 1 Tarifzone 11 € (erm. 7 €), 2 Tarifzonen 16,50 € (erm. 11 €), ab 3 Tarifzonen 22 € (erm. 14 €), Rückfahrt in Verbindung mit Hinfahrt 5 € (erm. 3 €)
- **Stadtfahrt zu Wasser:** Dresden – Blaues Wunder – Dresden 1½ Std., 18,50 €, erm. 11 €
- **Abendfahrt:** Dresden – Pillnitz – Dresden 2½ Std., 22 €, erm. 14 €
- **Ermäßigungen:** Kinder unter 6 Jahren fahren kostenlos, für Kinder von 6 bis 14 Jahre gilt der ermäßigte Preis. Geburtstagskinder jeden Alters fahren auf allen Linien- und Rundfahrten kostenlos.
- **Parken:** Gebührenpflichtige Parkplätze z. B. unter der Carolabrücke [E6], in der Tiefgarage am Neumarkt 1 oder an der Frauenkirche 2

Dresden ist zu jeder Jahreszeit einen Besuch wert

Wetter und Reisezeit

Dresden ist **das ganze Jahr** über ein beliebtes Reiseziel. Ob milder Frühling, heißer Sommer, bunter Herbst oder verschneiter Winter, die Stadt ist zu jeder Jahreszeit reizvoll. Selbst bei Schmuddelwetter bezaubert sie ihre Besucher bei einem vor Wind und Wetter geschützten Besuch in einem der Museen oder einer der anderen kulturellen Einrichtungen.

Die **Hauptreisezeit dehnt sich von Mai bis September.** Bei angenehmen durchschnittlichen Temperaturen um die 19/20 Grad im Mai und September und um die 24 Grad in den Sommermonaten herrscht in Dresden ein eher **mildes Klima.** Dann ist die Zeit für sämtliche Aktivitäten an der frischen Luft – Open-Air-Veranstaltungen an den Elbwiesen (Filmnächte), Stadtfest, Dampferfahrt, Flanieren auf der Brühlschen Terrasse u.v.a.m.

In den **Wintermonaten** kann das Thermometer des Öfteren unter die Null-Grad-Marke purzeln. Durch den traditionellen **Striezelmarkt** (s. S. 114) erlebt Dresden im letzten Monat des Jahres noch einmal einen beachtlichen Besucheransturm. Besonders charmant ist es übrigens im Winter, frühmorgens auf dem frisch verschneiten Theaterplatz oder im Zwinger die ersten Spuren zu hinterlassen.

Wetter in Dresden

Durchschnitt	Jan	Febr	März	Apr	Mai	Juni	Juli	Aug	Sept	Okt	Nov	Dez
Maximale Temperatur	3°	4°	8°	13°	19°	21°	24°	24°	19°	14°	7°	4°
Minimale Temperatur	–2°	–2°	1°	4°	9°	12°	14°	14°	10°	6°	2°	–1°
Regentage	10	9	9	9	9	11	10	9	8	8	11	11

071dn Abb.: jm

Register

I

J

K

L

M

N

O

P

Die Autoren

Beate Reußner ist in Dresden geboren und aufgewachsen, **Jürgen Bosenius** hat einige Jahre als Journalist bei der Sächsischen Zeitung in Dresden gearbeitet. Sie leben heute mit ihren beiden Söhnen in Berlin, sind durch Familie und Freunde jedoch weiterhin eng mit der sächsischen Landeshauptstadt verbunden und deshalb regelmäßig in der wunderschönen Stadt an der Elbe.

Schreiben Sie uns

Dieses Buch ist gespickt mit Adressen, Preisen, Tipps und Daten. Unsere Autoren recherchieren unentwegt und erstellen alle zwei Jahre eine komplette Aktualisierung, aber auf die Mithilfe von Reisenden können sie nicht verzichten. Darum: Teilen Sie uns bitte mit, was sich geändert hat oder was Sie neu entdeckt haben. Gut verwertbare Informationen belohnt der Verlag mit einem Sprachführer Ihrer Wahl aus der Reihe „Kauderwelsch".

Kommentare übermitteln Sie am einfachsten, indem Sie die Web-App zum Buch aufrufen (siehe Umschlag hinten) und die Kommentarfunktion bei den einzelnen auf der Karte angezeigten Örtlichkeiten oder den Link zu generellen Kommentaren nutzen. Wenn sich Ihre Informationen auf eine konkrete Stelle im Buch beziehen, würde die Seitenangabe uns die Arbeit sehr erleichtern. Unsere Kontaktdaten entnehmen Sie bitte dem Impressum.

Impressum

Beate Reußner, Jürgen Bosenius

CityTrip Dresden

5., neu bearbeitete und aktualisierte Auflage 2019

ISBN 978-3-8317-3200-5

Druck und Bindung:
Media-Print, Paderborn

Herausgeber: Klaus Werner
Layout: amundo media GmbH (Umschlag, Inhalt), Peter Rump (Umschlag)
Lektorat: amundo media GmbH
Karten: Ingenieurbüro B. Spachmüller, amundo media GmbH
Anzeigenvertrieb: KV Kommunalverlag GmbH & Co. KG, Alte Landstraße 23, 85521 Ottobrunn, Tel. 089 928096-0, info@kommunal-verlag.de
Kontakt: Osnabrücker Str. 79, 33649 Bielefeld, info@reise-know-how.de

Alle Angaben in diesem Buch sind gewissenhaft geprüft. Preise, Öffnungszeiten usw. können sich jedoch schnell ändern. Für eventuelle Fehler übernehmen Verlag wie Autoren keine Haftung.

Bildnachweis

Umschlagvorderseite: fotolia.com by adobe © Uli Gnoth | Umschlagklappe rechts: Deutsches Hygiene Museum/Oliver Killig
Soweit ihre Namen nicht vollständig am Bild vermerkt sind, stehen die Kürzel an den Abbildungen für die folgenden Fotografen, Firmen und Einrichtungen. Jana Moser : jm | Beate Reußner: br | Deutsches Hygiene Museum/Oliver Killig: dhmdok | Deutsches Hygiene Museum/Steffen Giersch: dhmdsg | fotolia.com by adobe: fo

Humorvolles aus dem

Reise Know-How Verlag

Die Fremdenversteher

Deutsche Ausgabe der englischen Xenophobe's® Guides.

Amüsant und sachkundig.
Locker und heiter.
Ironisch und feinsinnig.

Mit typisch britischem Humor werden Lebensumstände, Psyche, Stärken und Schwächen der Deutschen unter die Lupe genommen.

Die Fremdenversteher

Weitere Titel der Reihe: **So sind sie, die ...**

- **Amerikaner**
- **Australier**
- **Belgier**
- **Engländer**
- **Franzosen**
- **Isländer**
- **Italiener**
- **Japaner**
- **Niederländer**
- **Österreicher**
- **Polen**
- **Schweden**
- **Schweizer**
- **Spanier**

Je 108 Seiten | € 8,90 [D]

www.reise-know-how.de

1 cm = 4 km 10 km

Großenhainer Pflege
GROSSENHAIN
KÖNIGSBRÜCK
NSG
Laußnitzer Heide
Rödernsche Heide
Priestewitz
Diesbar-Seußlitz
RADEBURG
Nieschütz
Ottendorf-Okrilla
Zadel
Niederau
Friedewald
Moritzburg
Schloss Moritzburg
MEISSEN
Weinböhla
Weixdorf
Liegau-Augustusbad
Dresden International
Langebrück
ELBE
COSWIG
RADEBEUL
Lindenau
Boxdorf
Hellerau
Klotzsche
RADEBERG
Robschütz
Dresdner Heide
Trachau
Cossebaude
Pieschen
Bühlau
Klipphausen
Loschwitz
Cotta
DRESDEN
Gorbitz
Altstadt
Striesen
WILSDRUFF
Löbtau
Südvorstadt
Kesselsdorf
Plauen
Strehlen
Hosterwitz
Schloss & Park
Grumbach
Plauenscher Grund und Hoher Stein
Pillnitz
Coschütz
Leuben
Neukirchen
FREITAL
Leubnitz-Neuostra
Prohlis
Zschachwitz
Graupa
Mohorn
Bannewitz
Lockwitz
Copitz
THARANDT
Deuben
HEIDENAU
Kurort Hartha
RABENAU
Possendorf
Barockgarten Großsedlitz
PIRNA
Niederschöna
Tharandter Wald
DOHNA
Oelsa
Naundorf
Schloss Weesenstein
Höckendorf
Niederbobritzsch
DIPPOLDISWALDE
FREIBERG
Colmnitz
Ruppendorf
Reinhardtsgrimma
Pretzschendorf
Reichstädt
Obercarsdorf
Oberbobritzsch
LIEBSTADT
GLASHÜTTE
Schmiedeberg
Burkersdorf
FRAUENSTEIN
Osterzgebirge
Naturpark Erzgebirge/Vogtland
DEUTSCHLAND
Zethau
Töpferwald
ALTENBERG
Nassau
Voigtsdorf
Clausnitz
Dörnthal
Friedebach
SAYDA
Mackov
Palouček
KRUPKA (Graupen)
DUBÍ
Bystřice
13
4
17
57
54

KAMENZ
Kamjenc
Neschwitz
Kloster-
Puschwitz
Crostwitz
pflege
Bischheim
Gersdorf
ELSTRA
Ober-
lichtenau
BAUTZEN
Budyšin
Kubschütz
Göda
PULSNITZ
Doberschau-
Obergurig
GROSS-
RÖHRSDORF
BISCHOFSWERDA
Cunewalde
Massenei
WILTHEN
-KIRSCHAU
Niederneukirch
Ober-
neukirch
Bergland
Hohwald
Lausitzer
Karswald
Wehrsdorf
Taubenheim
(Spree)
NEUSALZA-
SPREMBERG
STOLPEN
NEUSTADT
in Sachsen
ŠLUKNOV
Friedersdorf
Polenz
Lang-
burkersdorf
Království
JIŘÍKOV
Pillnitz
VELKÝ ŠENOV
RUMBURK
(Rumburg)
HOHNSTEIN
SEBNITZ
Elbsandsteingebirge
NP
Sächs.
Schweiz
58
Bastei
BAD
SCHANDAU
Lilienstein
Nationalpark
Sächsische
Schweiz
National-
park
Böhmische
Schweiz
KRÁSNÁ LÍPA
Schönlinde
Festung
Königstein
59
KÖNIG-
STEIN
ELBE
Kirnitzschtal
BAD
GOTTLEUBA-
BERGGIESSHÜBEL
Děčínská vrchovina
Bielatal
Bahratal
LABE
ČESKÁ
KAMENICE
TSCHECHIEN
Tyssaer
Wände
DĚČÍN
(Tetschen)
KAMENICKÝ
ŠENOV
NOVÝ BOR
(Haida)
JÍLOVÉ
BENEŠOV
nad Ploučnicí
ŽANDOV
ČESKÁ
LÍPA
(Böhmisch
Leipa)
8
Všebořice
ÚSTÍ
(Aussig)
Klíše
nad Labem
Těchlovický les
Stvolínské nivy
4

Liste der Karteneinträge

Zeichenerklärung

- Sehenswürdigkeit
- Arzt, Apotheke, Krankenhaus
- Bar, Bistro, Klub, Treffpunkt
- Bibliothek
- Café
- Denkmal
- Galerie
- Geschäft, Kaufhaus, Markt
- Hotel, Unterkunft
- Imbiss
- Informationsstelle
- Jugendherberge, Hostel
- Kino
- Kirche
- Kneipe, Biergarten
- Moschee
- Museum
- Musikszene, Disco
- Parken
- Post
- Polizei
- Restaurant
- S-Bahn
- Schwimmbad
- Straßenbahn-Haltestelle
- ★ Sehenswertes
- ● Sonstiges
- Sporteinrichtung
- Synagoge
- Theater
- Vegetarisches Restaurant

- Stadttouren (s. S. 12)
- Shoppingareale
- Gastro- und Nightlife-Areale

Hier nicht aufgeführte Nummern liegen außerhalb der abgebildeten Karten. Ihre Lage kann aber wie die von allen Ortsmarken im Buch mithilfe der Web-App angezeigt werden (s. rechts).

Dresden mit PC, Smartphone & Co.

QR-Code auf dem Umschlag scannen oder **www.reise-know-how.de/citytrip/dresden19** eingeben und die **kostenlose Web-App** aufrufen (Internetverbindung zur Nutzung nötig)!

★**Anzeige der Lage und Satellitenansicht aller** beschriebenen Sehenswürdigkeiten und weiteren Orte
★**Routenführung** vom aktuellen Standort zum gewünschten Ziel
★**Exakter Verlauf** der empfohlenen Stadttouren
★**Audiotrainer** der wichtigsten Wörter und Redewendungen
★**Updates** nach Redaktionsschluss

GPS-Daten zum Download

Die GPS-Daten aller Ortsmarken und Stadttouren können hier geladen werden: www.reise-know-how.de, dann das Buch aufrufen und zur Rubrik „Datenservice" scrollen.

Stadtplan für mobile Geräte

Um den Stadtplan auf Smartphones und Tablets nutzen zu können, empfehlen wir die App „Avenza Maps" der Firma Avenza™. Der Stadtplan wird aus dieser App heraus geladen und kann dann mit vielen Zusatzfunktionen genutzt werden.

Die Web-App und der Zugriff auf diese über QR-Codes sind eine freiwillige, kostenlose Zusatzleistung des Verlages. Der Verlag behält sich vor, die Bereitstellung des Angebotes und die Möglichkeit der Nutzung zeitlich und inhaltlich zu beschränken. Der Verlag übernimmt keine Garantie für das Funktionieren der Seiten und keine Haftung für Schäden, die aus dem Gebrauch der Seiten resultieren. Es besteht ferner kein Anspruch auf eine unbefristete Bereitstellung der Seiten.

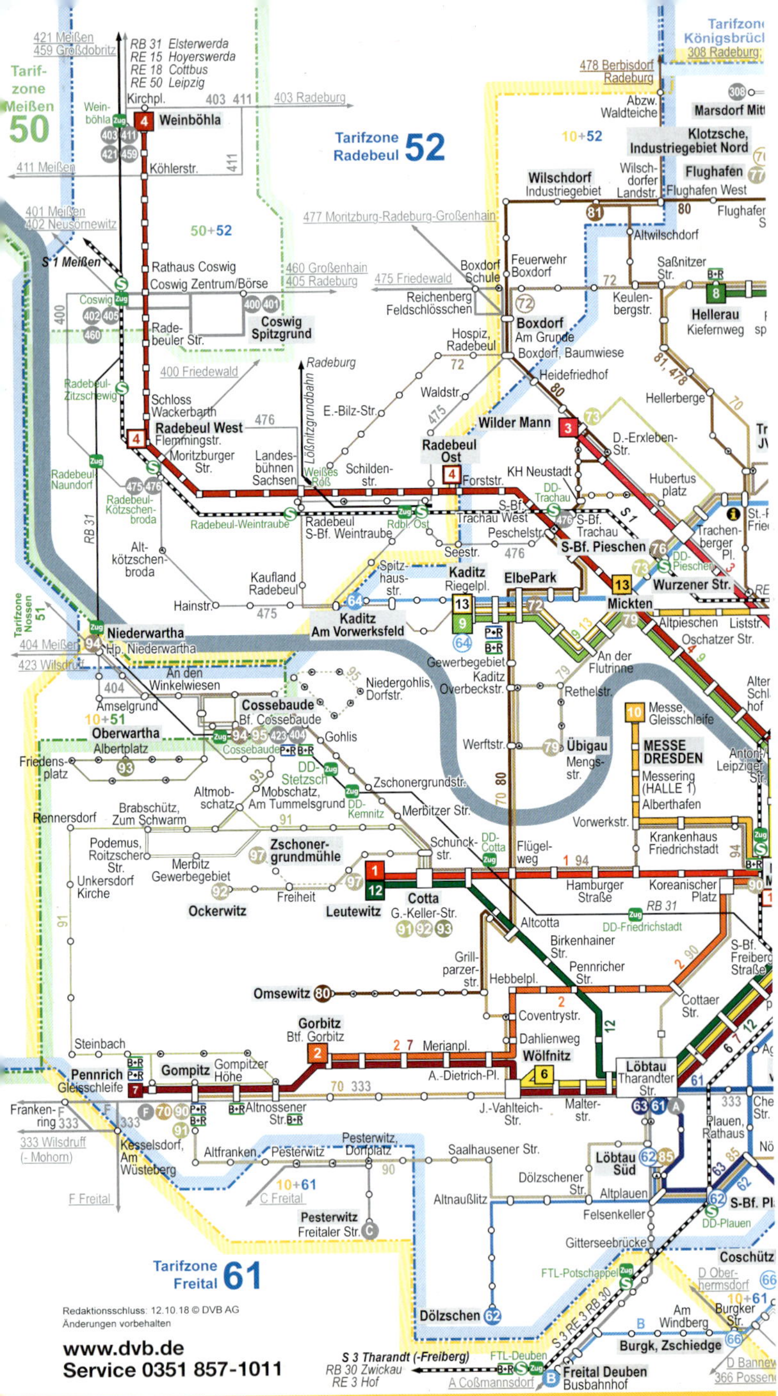

Redaktionsschluss: 12.10.18 © DVB AG
Änderungen vorbehalten

www.dvb.de
Service 0351 857-1011

Beate Reußner, Jürgen Bosenius

CITY|TRIP DRESDEN

Nicht verpassen!

Karte S. 5

2 Frauenkirche [D7]

Die berühmte Sandsteinkirche mit der mächtigen steinernen Kuppel überragt heute wieder die Silhouette der Stadt (s. S. 24).

6 Brühlsche Terrasse [D6]

Auf Dresdens schönster Terrasse, dem „Balkon Europas", flaniert man vor historischer Kulisse und mit Ausblick auf die Elbe sowie das gegenüberliegende Königsufer (s. S. 29).

12 13 Residenzschloss und Grünes Gewölbe [C7]

Die einstige Residenz der sächsischen Kurfürsten und Könige beherbergt verschiedene Ausstellungen und ist mit dem Grünen Gewölbe und seinen Kostbarkeiten das Aushängeschild der Staatlichen Kunstsammlungen Dresden (s. S. 33 und S. 34).

14 Kathedrale Ss. Trinitatis (Katholische Hofkirche) [D6]

78 meterhohe Heiligenfiguren aus Sandstein schmücken die Fassade und die Balustraden des größten Kirchenbaus in Sachsen. In den Katakomben der Kathedrale ruht das Herz Augusts des Starken (s. S. 35).

16 Stallhof und Fürstenzug [D7]

Außen am Stallhof ist auf knapp 25.000 gelb-weißen Meissner Porzellankacheln die Ahnengalerie sächsischer Fürsten und Könige zu sehen (s. S. 38).

19 Semperoper [C6]

Festlich thront das Opernhaus auf dem Theaterplatz und zieht bei Führungen, Konzerten und Veranstaltungen täglich bis zu tausend Besucher an (S. 41).

21 22 Zwinger und Gemäldegalerie Alte Meister (Sempergalerie) [C6]

Das einzigartige, weitläufige Gebäudeensemble ist an sich schon sehenswert, beherbergt aber auch bedeutende Sammlungen. Die Gemäldegalerie zeigt herausragende Werke der Malerei (s. S. 43 und S. 46).

34 Großer Garten und Palais [G10]

Das „grüne Herz Dresdens" ist eine wunderbare Oase der Erholung, das Palais ein frühbarockes Architekturhighlight (s. S. 55).

54 Schloss und Park Pillnitz

Malerisch liegt die prächtige Sommerresidenz des sächsischen Hofes mit ihrer weitläufigen Parkanlage und der uralten Kamelie an der Elbe (s. S. 80).

Leichte Orientierung mit dem cleveren Nummernsystem

Die Sehenswürdigkeiten sind im Text und im Kartenmaterial mit derselben **magentafarbenen ovalen Nummer** 1 markiert. Alle anderen Lokalitäten wie Geschäfte, Restaurants usw. tragen ein **Symbol und eine fortlaufende rote Nummer** (1). Die Liste aller Orte befindet sich auf Seite 152, die Zeichenerklärung auf Seite 155.